Piloto de guerra

Antoine de Saint-Exupéry nació en Lyon el 29 de junio de 1900. Al término de su educación secundaria, quiso entrar en la Escuela Naval, pero no aprobó los exámenes de ingreso. En 1920 cumplió el servicio militar en la Fuerza Aérea, y en adelante la aviación se convirtió en su gran pasión. Publicó su primer cuento en 1926, el mismo año en que comenzó su carrera de piloto en la compañía Latécoère. Poco después fue destinado a Cabo Juby, donde escribió su primera novela, *Correo del sur* (1928). De África se trasladó a Sudamérica con el encargo de establecer nuevas líneas comerciales. Allí concluyó *Vuelo nocturno* (1931), que obtuvo el premio Fémina. A partir de 1935, trabajó como corresponsal de los periódicos *L'Intransigeant* y *Paris-Soir* en Rusia y España, y participó en diversos *raids* como el París-Saigón y el Nueva York-Tierra del Fuego, experiencias que volcó en *Tierra de los hombres* (1939). En la Segunda Guerra Mundial combatió como piloto de reconocimiento y, tras la caída de Francia, se instaló en Nueva York, donde escribió *Piloto de guerra* (1942), fruto de sus vivencias durante la contienda, y *El Principito* (1943). Más tarde se reincorporó al servicio activo en el norte de África, donde escribió *Ciudadela*, que se publicaría póstumamente (1948). El 31 de julio de 1944 despegó de un campo de aviación de Córcega para cumplir una misión de la que nunca regresó.

ANTOINE DE SAINT-EXUPÉRY

Piloto de guerra

Traducción de
María Teresa López

DEBOLS!LLO

Papel certificado por el Forest Stewardship Council®

MIXTO
Papel | Apoyando la silvicultura responsable
FSC® C117695

Penguin Random House Grupo Editorial

Título original: *Pilote de guerre*

Primera edición: enero de 2025

Printed in Spain – Impreso en España

ISBN: 978-84-663-7808-6
Depósito legal: B-19.186-2024

Compuesto en Comptex&Ass., S. L.

Impreso en Black Print CPI Ibérica
Sant Andreu de la Barca (Barcelona)

P 3 7 8 0 8 6

Piloto de guerra

I

Sin duda estoy soñando. Estoy en el colegio. Tengo quince años. Resuelvo con paciencia mi problema de geometría. De codos sobre el pupitre negro, uso correctamente el compás, la regla, el transportador. Soy estudioso y tranquilo. Algunos compañeros hablan en voz baja cerca de mí. Uno de ellos alinea cifras en una pizarra. Otros, menos serios, juegan al bridge. De vez en cuando me adentro más profundamente en mi sueño y echo un vistazo por la ventana. La rama de un árbol oscila suavemente al sol. La miro largo rato. Soy un alumno distraído... Me gusta disfrutar de este sol y también saborear este olor infantil de pupitre, de tiza, de pizarra negra. ¡Con cuánta alegría me encierro en esta infancia bien protegida! Ya lo sé: primero están la infancia, el colegio, los compañeros, luego llega el día de los exámenes, en el que se recibe algún diploma, en que se franquea, con el corazón oprimido, cierto umbral, más allá del cual, de repente, se es un hombre. Entonces el paso se vuelve más firme sobre la tierra. Uno traza ya su camino en la vida. Los primeros pasos de su camino. Al fin probaremos nuestras armas contra adversarios reales. La regla, la escuadra, el compás se usarán para construir el mundo o para triunfar sobre los enemigos. ¡Se acabaron los juegos!

Ya sé que normalmente un estudiante de secundaria no teme afrontar la vida. Un estudiante patalea de impaciencia. Los tormentos, los peligros, las amarguras de una vida de hombre no intimidan a un estudiante.

Pero, por lo visto, soy un estudiante raro. Soy un estudiante que es consciente de su felicidad y que no tiene prisa por afrontar la vida...

Pasa Dutertre. Le digo:

—Siéntate ahí, voy a hacerte un juego de manos...

Y me divierte mucho encontrar su as de picas. Enfrente de mí, sobre un pupitre negro como el mío, está sentado Dutertre con las piernas colgando. Ríe. Yo sonrío modestamente. Pénicot se acerca a nosotros y apoya un brazo sobre mi hombro.

—¿Qué hay, viejo compañero?

Dios mío ¡qué tierno resulta todo esto!

Un celador (¿es realmente un celador...?) abre la puerta para convocar a dos compañeros. Ellos dejan sus reglas, sus compases, se levantan y salen. Los seguimos con la vista. Se acabó el colegio para ellos. Los lanzan a la vida. Su conocimientos científicos servirán. Como hombres, ensayarán sobre sus adversarios las fórmulas de sus cálculos. Extraño colegio, del que cada uno se va cuando le llega el turno. Y sin grandes despedidas. Esos dos compañeros ni siquiera nos han mirado. Los azares de la vida, sin embargo, los llevarán, tal vez, más allá de China. ¡Mucho más lejos! Cuando la vida, después del colegio, dispersa a los hombres, ¿estos pueden asegurar que volverán a verse?

Nosotros, los que vivimos aún en la cálida paz de la incubadora, inclinamos la cabeza.

—Oye, Dutertre, esta noche...

Pero la misma puerta se abre por segunda vez. Y oigo como un veredicto:

—Capitán Saint-Exupéry y teniente Dutertre vayan a ver al comandante.

Se acabó el colegio. Así es la vida.

—¿Sabías que nos tocaba a nosotros?

—Pénicot ha volado esta mañana...

Sin duda salimos en misión, puesto que nos convocan. Estamos a finales de mayo, en plena retirada, en pleno desastre. Las tripulaciones se sacrifican como si fueran vasos de agua que arrojan sobre el incendio de un bosque. ¿Por qué calcular los riesgos cuando todo se desmorona? Somos aún para toda Francia cincuenta equipos de Gran Reconocimiento. Cincuenta tripulaciones de tres hombres, de los cuales veintitrés son de los nuestros, del grupo 2/33. En tres semanas hemos perdido diecisiete tripulaciones de las veintitrés. Nos derretimos como la cera. Ayer le dije al teniente Gavoille:

—Hablaremos de ello después de la guerra.

Y el teniente Gavoille me respondió:

—¿No pretenderá usted, mi capitán, estar vivo después de la guerra?

Gavoille no bromeaba. Sabemos muy bien que no podemos hacer más que lanzarnos a la hoguera, aunque el gesto sea inútil. Somos cincuenta tripulaciones para toda Francia. ¡Sobre nuestros hombros recae toda la estrategia del ejército francés! Hay un inmenso bosque que se quema, y unos pocos vasos de agua que pueden sacrificarse para apagarlo: se sacrificarán.

Es correcto. ¿Quién piensa en quejarse? Entre nosotros, jamás se ha oído otra respuesta que estas: «Bien, mi comandante. Sí, mi comandante. Gracias, mi comandante. Comprendido, mi comandante». Pero en el transcurso de este final de guerra existe una impresión que domina todas las otras. Es la del absurdo. Todo se derrumba a nuestro alrededor. Todo se desploma. Es tan devastador que la misma muerte nos resulta absurda. En medio de este caos, a la muerte le falta seriedad...

Entramos en el despacho del comandante Alias (todavía hoy es el que dirige en Túnez el mismo grupo 2/33).

—Buenos días, Saint-Ex. Buenos días, Dutertre. Siéntense.

Nos sentamos. El comandante extiende un mapa y se vuelve hacia el ordenanza.

—Vaya a buscarme el parte meteorológico.

Luego golpea la mesa con su lápiz. Me quedo observándolo. Tiene mala cara. No ha dormido. Ha ido de un lado a otro en coche en busca de un Estado Mayor fantasma, el Estado Mayor de la división, el Estado Mayor de la subdivisión... Ha intentado luchar contra los almacenes de aprovisionamiento que no entregaban sus piezas de recambio. Se ha visto atrapado en la carretera en embotellamientos intrincados. Ha presidido también la última mudanza, mientras nos trasladábamos a otro lugar igual que unos pobres diablos perseguidos por un alguacil inexorable. En cada ocasión, Alias ha conseguido salvar los aviones, los camiones y diez toneladas de material. Pero vemos que apenas le quedan fuerzas, que está a punto de perder los nervios.

—Pues bien, aquí tenemos...

Sigue golpeando la mesa sin mirarnos.

—Es bastante desagradable...

Luego se encoge de hombros.

—Es una misión desagradable. Pero en el Estado Mayor están muy interesados. Muy interesados en ella... Me opuse, pero ellos están empeñados. Así es.

Dutertre y yo contemplamos por la ventana un cielo sereno. Oigo cacarear a las gallinas, pues el despacho del comandante está instalado en una granja, así como la sala de informaciones lo está en una escuela. No confrontaré el verano, las frutas que maduran, los pollitos que aumentan de peso, el trigo que crece con la muerte tan próxima. No veo por qué la paz del verano podría contradecir a la muerte, ni por qué la dulzura de las cosas sería una ironía. Pero me asalta una vaga idea: «Es un verano ruinoso. Un verano averiado». He visto trilladoras abandonadas, segadoras abandonadas. En las cunetas, coches abandonados. Pueblos abandonados. De una fuente de un pueblo vacío seguía corriendo el agua. El agua pura se convertía en ciénaga, ella, que tantos cuidados había costado a los hombres. De pronto se me ocurrió una imagen absurda. La de los relojes parados. De todos los relojes parados. Relojes de las iglesias de los pueblos. Relojes de las estaciones de trenes. Relojes de chimenea de las casas vacías. Y, en este escaparate de relojero que ha huido, este osario de relojes muertos. La guerra... ya no se da cuerda a los relojes. Ya no se recolectan las remolachas. Ya no se reparan los vagones. Y el agua, que se recogía para apagar la sed y para lavar los bellos encajes dominicales de las lugareñas, se esparce en un lodazal ante la iglesia. Y uno se muere en verano...

Es como si tuviera una enfermedad. Este médico acaba de decirme: «Es realmente desagradable...». Habría, pues, que pensar en el notario, en los que se quedan. De hecho, Dutertre y yo hemos comprendido que se trata de una misión mortal.

—Dadas las circunstancias —termina el comandante—, no se puede considerar demasiado el riesgo...

Por supuesto. No se «puede demasiado». Y nadie tiene la culpa. Ni nosotros, de sentirnos melancólicos. Ni el comandante, de sentirse incómodo. Ni el Estado Mayor, de impartir órdenes. El comandante se queja porque esas órdenes son absurdas. Nosotros también lo sabemos, pero el Estado Mayor también lo sabe. Da órdenes porque hay que darlas. En el transcurso de una guerra un Estado Mayor da órdenes. Las confía a vistosos oficiales de caballería o más recientemente a motociclistas. Allí donde reinaban el desorden y la desesperanza, cada uno de estos oficiales salta de un caballo humeante. Muestra el porvenir, como la estrella de los magos. Lleva consigo la Verdad. Y, aquí, las órdenes reconstruyen el mundo.

Esto es el esquema de la guerra. El imaginario en colores de la guerra. Todos se esfuerzan lo que pueden por hacer que la guerra se parezca a la guerra. Piadosamente. Todos se esfuerzan por cumplir correctamente las reglas. Tal vez se consiga, entonces, que esta guerra acabe por parecer una guerra.

Y para que parezca una guerra se sacrifican, sin objetivos precisos, las tripulaciones. Nadie admite que esta guerra no se parece a nada, que nada tiene sentido, que ningún esquema se adapta, que se estiran con toda seriedad unos hilos que no comunican ya con sus títeres. Los Estados Mayores dan, convencidos, esas órdenes que no llegarán a ninguna parte. A nosotros se nos exigen informaciones imposibles de obtener. La aviación no puede asumir la carga de explicar la guerra a los Estados Mayores. La aviación puede, por medio de sus observaciones, controlar las hipótesis. Pero ya no hay hipótesis. Y, de hecho, se pide a una cincuentena de tripulaciones que moldeen un rostro de una guerra que no lo tiene. Se dirigen a nosotros como a una tribu de cartománticos. Yo miro a Dutertre, mi observador-cartomántico. Ayer le objetaba así a un coronel de la división: «¿Y cómo haré, a diez metros del suelo y a quinientos treinta kilómetros por hora, para señalar las posiciones?». «¡Pues ya verá usted si le disparan! Si le disparan, quiere decir que las posiciones son alemanas».

—Me reí mucho después de esa discusión —dijo Dutertre.

Pero los soldados franceses no han visto nunca aviones franceses. Hay miles de ellos diseminados desde Dunkerque hasta Alsacia. Sería más exacto decir que están diluidos en el infinito. Así, cuando en el frente un aparato pasa como un rayo, es sin duda alguna alemán. Más vale tratar de derribarlo antes de que suelte sus bombas. Un solo rugido suyo ya desata las ametralladoras y los cañones de tiro rápido.

—¡Con semejante método —añadía Dutertre—, su información será muy valiosa...!

Y se tendrá en cuenta porque, en un esquema de guerra, deben tenerse en cuenta las informaciones...

Sí, pero también la guerra está desquiciada.

Afortunadamente sabemos que no tendrán en cuenta nuestras informaciones. No podremos transmitirlas. Las carreteras estarán congestionadas; los teléfonos, averiados. El Estado Mayor habrá sido trasladado urgentemente de lugar. Será el propio enemigo quien nos proporcionará informaciones importantes sobre su posición. Discutíamos hace algunos días, cerca de León, sobre la posición eventual de las líneas. Enviamos a un oficial de enlace a ver al general. A medio camino, entre nuestra base y la del general, el coche choca contra una apisonadora tras la cual se ocultan dos coches blindados. El teniente da media vuelta, pero una ráfaga de ametralladoras lo deja seco y hiere al mecánico. Los vehículos blindados son alemanes.

En el fondo, el Estado Mayor se parece a un jugador de bridge a quien se le pregunta desde la pieza contigua.

—¿Qué debo hacer con mi dama de picas?

La persona aislada se encogería de hombros. Al no haber visto nada del juego, ¿cómo puede contestar?

Pero un Estado Mayor no tiene derecho a encogerse de hombros. Si aún controla algunos elementos, debe movilizarlos para mantenerlos bajo control e intentarlo todo mientras dura la guerra. Aunque sea a ciegas, debe actuar y ordenar actuar.

Pero es difícil atribuir de memoria un papel a una dama de picas. Hemos comprobado ya, primero con cierta sorpresa, luego con toda evidencia, que cuando todo se hunde falta trabajo. Se supone al vencido sumergido por un torrente de problemas, usando hasta el límite, para resolverlos, su infantería, su artillería, sus tanques, sus aviones; pero la derrota empieza por escamotear los problemas. No se conoce ya nada del juego. No se sabe en qué emplear los aviones, los tanques, la dama de picas...

Se la echa al fin sobre la mesa, después de devanarnos los sesos para asignarle un papel eficaz. Reina el malestar y no la fiebre. Solo la victoria llega rodeada de entusiasmo. La victoria organiza. La victoria construye. Y cada uno pierde el aliento con tal de llevar sus propias piedras. Pero la derrota sumerge a los hombres en una atmósfera de incoherencia, de fastidio y sobre todo de futilidad.

Pues ante todo las misiones que nos exigen son fútiles. Cada día más fútiles. Más cruentas y más fútiles. Para enfrentarse a este deslizamiento de montaña, los que imparten órdenes no tienen otro recurso que echar sus últimos triunfos sobre la mesa.

Dutertre y yo somos triunfos y escuchamos al comandante. Nos explica el programa de la tarde. Nos pide que sobrevolemos a setecientos metros de altitud por encima de los parques de tanques de la región de Arrás, al regresar de un largo recorrido a diez mil metros, con la misma voz que diría:

—Siga usted entonces por la segunda calle a la derecha hasta la esquina de la primera plaza; allí hay un estanco donde me comprará unos cerillas...

—Bien, mi comandante.

La misión no es ni más ni menos útil que esto. Ni más ni menos lírico el lenguaje que se utiliza.

Me digo: «Misión mortal». Y pienso... Pienso muchas cosas. Esperaré a la noche, si sigo vivo, para reflexionar. Pero vivo... Cuando una misión es fácil, vuelve uno de cada tres. Cuando es un poco «fastidiosa», naturalmente es más difícil volver. Y aquí, en el despacho del comandante, la muerte no me parece ni augusta, ni majestuosa, ni heroica, ni desgarradora. Es tan solo una muestra más del desorden que reina. Un efecto de ese desorden. El grupo nos perderá, como se pierden unos equipajes en el barullo de una estación de tren de transbordo.

Y no es que opine de manera diferente sobre la guerra, sobre la muerte, sobre el sacrificio, sobre Francia; pero me falta una directriz, un lenguaje claro. Pienso a partir de contradicciones. Mi verdad está hecha pedazos y no puedo considerarlos más que uno tras otro. Si estoy vivo, esperaré a la noche para reflexionar. La noche bien amada. Por la noche, la razón duerme y las cosas simplemente son. Las que realmente importan recobran su forma, sobreviven a las destrucciones de los análisis del día. El hombre reconstruye sus pedazos y vuelve a ser un árbol tranquilo.

El día es para las disputas familiares, pero, por la noche, aquel que ha discutido encuentra de nuevo el amor. Pues el amor es más grande que ese vendaval de palabras. Y el hombre, apoyado en su ventana, bajo las estrellas, es responsable de nuevo de los niños que duermen, del pan del mañana, del sueño de la esposa que reposa ahí, tan frágil, y delicada y pasajera. El amor no se discute. ¡Es! ¡Que venga la noche para que se muestre ante mí alguna evidencia que merezca el amor! Para que piense: civilización, destino del hombre, placer de la amistad en mi país. Para que desee servir a alguna verdad imperativa, aunque tal vez inexpresable aún...

Por el momento soy muy semejante a un cristiano al que la gracia ha abandonado. Cumpliré honestamente con mi papel junto a Dutertre no hay duda, pero de la misma manera que se salvan ritos que ya no tienen ningún contenido, cuando el dios se ha retirado. Esperaré a la noche, si aún vivo, para caminar un poco por la carretera que atraviesa nuestro pueblo, envuelto en mi muy amada soledad, a fin de comprender por qué debo morir.

II

Me despierto de mi sueño. El comandante me sorprende con una extraña proposición:

—Si le fastidia demasiado esta misión... Si no se siente usted con fuerzas, yo puedo...

—¡Por Dios, mi comandante!

El comandante bien sabe que esta proposición es absurda. Pero, cuando una tripulación no regresa, uno recuerda la seriedad de las caras en la hora de la partida. Se interpreta esa gravedad como señal de un presentimiento. Uno se acusa de no haber hecho caso.

El escrúpulo del comandante me recuerda a Israël. Estaba yo ayer fumando en la ventana de la sala de informaciones. Israël andaba muy deprisa cuando lo vi desde la ventana. Tenía la nariz colorada. De pronto me llamó la atención su nariz. Una gran nariz bien judía y colorada.

Yo sentía una amistad profunda por aquel Israël, cuya nariz estaba observando. Era uno de los más valientes compañeros-pilotos del grupo. De los más valientes y de los más modestos. Le habían hablado tanto de la prudencia judía que debía confundir su valor con la prudencia. Es prudente ser vencedor.

Pues bien, yo estaba observando su nariz colorada, que no brilló más que un momento, dada la rapidez de los pasos que se llevaron a Israël y a su nariz. Sin ánimo de bromear, me volví hacia Gavoille.

—¿Por qué tiene esa nariz...?

—Se la hizo su madre —respondió Gavoille—. Y añadió—: Extraña misión a baja altitud. Va a salir.

—¡Ah!

Y, por supuesto, por la noche recordé, cuando dejamos de esperar el regreso de Israël, aquella nariz que, plantada en medio de una cara totalmente impasible, expresaba de un modo genial, muy suyo, la más dura de las preocupaciones. Si hubiera sido yo quien hubiese ordenado la marcha de Israël, la visión de aquella nariz me habría obsesionado durante mucho tiempo como un reproche. Claro que Israël no había respondido a la orden de partida más que con un: «Sí, mi comandante. Bien, mi comandante. Comprendido, mi comandante». Claro que ni un solo músculo de la cara de Israël se había estremecido. Pero de forma suave, insidiosa, traidora, la nariz se había iluminado. Israël controlaba los rasgos de su cara, pero no el color de su nariz. Y la nariz había aprovechado para manifestarse por cuenta propia, en silencio. La nariz, a despecho de Israël, había expresado al comandante su fuerte desaprobación.

Por eso al comandante no le gusta mandar a los que él cree que están abrumados por los presentimientos. Los presentimientos engañan casi siempre, pero dan a las órdenes de guerra un tono de condena. Alias es un jefe, no un juez.

Así, el otro día, a propósito del ayudante T.

Al contrario de Israël, que era enormemente valiente, T. tenía miedo. Es el único hombre que he conocido que tenía realmente miedo. Cuando le daban una orden de guerra, esa orden desataba en él una extraña ascensión de vértigo. Era un proceso simple, inexorable y lento. T. se tensaba lentamente de pies a cabeza. Su cara perdía toda expresión. Y los ojos empezaban a brillarle.

Contrariamente a Israël, cuya nariz me había parecido tan triste, triste por la muerte probable de Israël, y al mismo tiempo muy irritada, en T. no se producía ningún movimiento interior. No reaccionaba: enmudecía. Cuando uno había terminado de hablar con T., descubría que había despertado en él una sola cosa: la angustia. La angustia empezaba a extender sobre su rostro una especie de brillo uniforme. Desde ese momento, T. estaba fuera de nuestro alcance. Uno tenía la sensación de que entre el universo y él se iba agrandando un desierto de indiferencia. En ningún otro mortal he visto jamás semejante forma de éxtasis.

—No debí dejarlo ir ese día —dijo más tarde el comandante.

Cuando el comandante le anunció ese día su salida, T. no solo había palidecido, sino que había empezado a sonreír. Sencillamente a sonreír. Tal vez hacen lo mismo los condenados cuando el verdugo realmente traspasa los límites.

—No se encuentra usted bien. Voy a sustituirlo...

—No, mi comandante. Es mi turno, así que no.

Y T., en posición de firme ante el comandante, lo miraba sin hacer el menor movimiento.

—Pero si no se siente usted seguro de sí mismo...

—Es mi turno, mi comandante. Es mi turno.

—Vamos a ver, T....

—Mi comandante...

El hombre parecía un bloque.

Y Alias:

—Entonces dejé que se fuese.

Nunca entendimos lo que pasó después. T., que era el artillero de a bordo, fue atacado por un caza enemigo. Pero el caza, al trabarse sus ametralladoras, dio media vuelta. El piloto y T. estuvieron hablando hasta cerca del terreno de base, sin que el piloto notara nada anormal. Pero, cuando faltaban cinco minutos para llegar, dejó de obtener respuesta por parte de T.

Y, al atardecer, lo encontraron con el cráneo destrozado por la cola del avión. Había saltado en paracaídas en condiciones desastrosas, en pleno vuelo, y en territorio amigo, cuando ya no le amenazaba peligro alguno. El paso del caza había ejercido en él una llamada irresistible.

—Vayan a vestirse —nos dijo el comandante—, y estén en el aire a las cinco y treinta.

—Hasta la vista, mi comandante.

El comandante responde con un gesto vago. ¿Superstición? Como se me ha apagado el cigarrillo, hurgo en vano en los bolsillos...

—¿Por qué nunca tiene usted cerillas?

Eso es cierto. Y con esa despedida franqueo la puerta preguntándome: ¿por qué nunca tengo cerillas?

—La misión lo fastidia —observa Dutertre.

Pienso: «¡Le tiene sin cuidado!». Pero no es en Alias en quien pienso mientras formulo esta injusta réplica. Me choca una evidencia que nadie confiesa: la vida del espíritu es intermitente. Solo la vida de la inteligencia es permanente, o casi. Hay pocas variaciones en mis facultades analíticas. Pero el espíritu no considera los objetos en sí, sino el sentido que los une. El rostro que se lee a través de ellos. Y el espíritu pasa de la visión plena a la ceguera absoluta. Para aquel que ama su casa llega un momento en el que no ve más que un conjunto de objetos dispares. Para el que ama a su mujer llega un momento en el que no ve en el amor más que preocupaciones, contrariedades y obligaciones. Para el aficionado a una música llega el momento en el que esta ya no le transmite nada. Llega el momento, como en este instante, en el que ya no comprendo a mi país. Un país no es la suma de comarcas, de costumbres, de materiales que mi inteligencia siempre puede captar. Es un ser. Y llega el momento en el que yo descubro que estoy ciego a los seres.

El comandante Alias ha pasado la noche con el general discutiendo sobre lógica pura. Lo que hace la lógica pura es arruinar la vida del espíritu. Luego se quedó exhausto en la carretera, en medio de interminables atascos. Después, al volver al grupo, se ha encontrado con cien dificultades materiales, de esas que te roen poco a poco como mil pedruscos de un derrumbe de montaña que no pudiera contenerse. Por fin nos ha convocado para asignarnos una misión imposible. Somos objeto de la incoherencia general. Para él, no somos Saint-Exupéry o Dutertre, dotados de un modo peculiar de ver las cosas o de no verlas, de pensar, de andar, de beber, de sonreír, sino trozos de una gran construcción que requiere más tiempo, más silencio y más perspectiva para descubrir el conjunto. Si yo tuviera un tic, Alias se fijaría tan solo en mi tic. No expediría a Arrás más que la imagen de un tic. En el desbarajuste de los problemas planteados en este desmoronamiento, también nosotros estamos divididos en trozos. Esta voz. Esta nariz. Este tic. Y los trozos no conmueven.

No se trata aquí del comandante Alias, sino de todos los hombres. Durante los fastidiosos preparativos de un entierro, nosotros, los que queríamos al muerto, no nos sentimos en contacto con la muerte. La muerte es una gran cosa. Es una nueva red de relaciones con las ideas, los objetos, las costumbres del muerto. Es un nuevo ordenamiento del mundo. Nada ha cambiado en apariencia, pero todo ha cambiado. Las páginas del libro son las mismas, pero no el sentido del libro. Nos hace falta, para sentir la muerte, imaginar los momentos en los que necesitamos al muerto. Entonces lo echamos de menos. Imaginar los momentos en los que él nos habría necesitado a nosotros. Pero ya no nos necesita. Imaginar el momento de la visita del amigo. Y encontrarla vacía. Necesitamos ver la vida en perspectiva. Pero ya no hay perspectiva ni espacio el día en que se le entierra. El muerto está todavía en pedazos. El día en que se lo entierra, nos dispersamos pisando fuerte, estrechando manos de amigos verdaderos o falsos, inmersos en preocupaciones materiales. El muerto morirá realmente al día siguiente en medio del silencio. Se mostrará a nosotros en su plenitud, para arrancarse, en su plenitud, a nuestra sustancia. Entonces lloraremos por aquel que se va y a quien no podemos retener.

No me gustan las estampas de guerra de Épinal. El rudo guerrero aplasta una lágrima y disimula su emoción con réplicas malhumoradas. Es falso. El rudo guerrero no disimula nada. Si suelta un exabrupto, es que se trata de un exabrupto.

No se está cuestionando aquí la calidad del hombre. El comandante Alias es un hombre sensible. Si no volvemos, tal vez sufrirá más que ningún otro. Siempre y cuando se trate de nosotros y no de una suma de detalles diversos. Siempre y cuando el silencio le permita esa reconstrucción. Pues si, esta noche, el alguacil que nos persigue obliga al grupo a desplazarse de nuevo, el pinchazo de una rueda de camión, entre un alud de problemas, relegará nuestra muerte para más tarde. Y Alias se olvidará de sufrir por ello.

Así, cuando salgo para una misión, no pienso en la lucha de Occidente contra el nazismo. Pienso en detalles inmediatos. Pienso en lo absurdo de un vuelo sobre Arrás a setecientos metros de altitud. En la futilidad de los informes que nos piden. En la lentitud de la vestimenta, que se me antoja una indumentaria para el verdugo. Y luego en mis guantes. ¿Dónde diablos encontraré unos guantes? He perdido los guantes.

Ya no veo la catedral que habito.

Me estoy vistiendo para servir a un dios muerto.

III

—Date prisa... ¿Dónde están mis guantes? No... no son esos... Búscalos en mi bolsa...

—No los encuentro, mi capitán.

—Eres un imbécil.

Son todos unos imbéciles: el que no sabe encontrar mis guantes, y el otro, del Estado Mayor, con su idea fija de misión a baja altitud.

—Te he pedido un lápiz. Hace diez minutos que te he pedido un lápiz. ¿No tienes un lápiz?

—Sí, mi capitán.

Este sí que es inteligente.

—Cuélgame ese lápiz de un cordel. Y átame el cordel a este ojal de aquí... Dígame, artillero, no parece tener usted mucha prisa...

—Es que estoy listo, mi capitán.

—Ah, bueno.

¿Y el observador? Me vuelvo hacia él.

—¿Cómo le va, Dutertre? ¿No falta nada? ¿Ha calculado los rumbos?

—Tengo los rumbos, mi capitán...

Bueno. Tiene los rumbos. Una misión que resultará mortal. Yo les pregunto a ustedes si tiene sentido sacrificar una tripulación para conseguir unas informaciones que nadie necesita y que, en caso de que uno de nosotros siga vivo para traerlas, no se transmitirán a nadie.

—El Estado Mayor debería contratar a espiritistas...

—¿Para qué?

—Para que esta noche pudiéramos comunicarles nuestros informes sobre una mesa giratoria.

No me siento muy orgulloso de mi ocurrencia, pero todavía gruño un poco más:

—Los Estados Mayores, los Estados Mayores, ¡que vayan ellos a cumplir misiones mortales, los Estados Mayores!

Pues ¡qué larga es la ceremonia de vestirse cuando la misión parece desesperada, y con cuánto esmero se engalana uno para ser quemado vivo! Es laborioso ponerse este triple espesor de trajes superpuestos, disfrazarse con toda una tienda de accesorios que uno lleva, como un ropavejero, organizar un circuito de oxígeno, el circuito de calefacción, el circuito de comunicaciones telefónicas entre los miembros del equipo. A través de esta máscara es como respiro. Un tubo de caucho me liga al avión, tan esencial como el cordón umbilical. El avión entra en el circuito de la temperatura de mi sangre. El avión entra en el circuito de mis comunicaciones humanas. Me han añadido órganos que se interponen de algún modo entre mi corazón y yo. Por minutos me voy sintiendo más pesado, más molesto, más difícil de manejar. Me doy la vuelta como un bloque, y, si me inclino para apretar mis correas o tirar de los cierres que se resisten, todas mis articulaciones se quejan. Mis antiguas fracturas me duelen.

—Pásame otro casco. Te he dicho veinticinco veces que ya no quiero el mío. Me viene demasiado justo.

Porque, Dios sabe por qué misterio, el cráneo se hincha a mucha altitud. Y un casco, normal en tierra, a diez mil metros oprime los huesos como un torniquete.

—Pero su casco es otro, mi capitán. Ya lo he cambiado.

—Ah, bueno —gruño sin remordimiento alguno, ¡tengo razón!

Además, todo esto no tiene ninguna importancia. Estamos atravesando en este instante el centro mismo de ese desierto interior del que yo hablaba. Aquí no hay más que fragmentos de cosas. Ni siquiera siento vergüenza por desear el milagro que podría cambiar el curso de esta tarde. ¡Que se estropee el laringófono, por ejemplo! ¡Los laringófonos siempre están averiados! ¡Son de pacotilla! ¡Salvaría a nuestra misión de ser sacrificada si se estropease un laringófono...!

El capitán Vezin me aborda con aire sombrío. El capitán Vezin aborda a cada uno de nosotros, antes de salir en misión, con aire sombrío. El capitán Vezin es el encargado aquí de las relaciones con los organismos que vigilan los aviones enemigos. Su tarea es informarnos de sus movimientos. Vezin es un amigo a quien aprecio mucho, pero un profeta de malos augurios. Siento encontrarlo.

—Amigo —me dice Vezin—, ¡es un problema, un problema, sí, un problema!

Y saca del bolsillo unos papeles. Luego, mirándome, suspicaz:

—¿Por dónde sales?

—Por Albert.

—Eso es, eso es. ¡Ah, es un problema!

—No seas idiota; ¿qué ocurre?

—¡No puedes salir!

—¡No puedo salir...! ¡Esta sí que es buena, Vezin! ¡Que consiga del Dios Padre que se estropee el laringófono!

—No puedes pasar.

—¿Por qué no puedo pasar?

—Porque hay tres misiones de caza alemanas que se relevan permanentemente sobre Albert. La una a seis mil metros, la otra a siete mil quinientos, la otra a diez mil. Ninguna abandona el cielo antes de que lleguen las siguientes. Es una prohibición *a priori*. Te meterás en una ratonera. Y, luego, ¡mira...!

Y me enseña un papel en el que ha garabateado unas demostraciones incomprensibles.

Vezin haría mejor en dejarme en paz. Las palabras «prohibición *a priori*» me han impresionado. Pienso en las luces rojas y en delitos menores. Pero aquí el delito menor es la muerte. Detesto sobre todo el «*a priori*». Tengo la impresión de que me apuntan a mí directamente.

Hago un gran esfuerzo de inteligencia. Siempre es «*a priori*» como el enemigo defiende sus posiciones. Esas palabras no son más que tonterías... Y, después de todo, me río de los cazas. Luego, cuando descienda a setecientos metros, será la D.C.A.* la que me abatirá. ¡Soy un objetivo fácil! De pronto me vuelvo agresivo:

—En resumen, vienes corriendo a decirme que hay aviones alemanes y que sería una imprudencia que volara. ¡Corre a avisar al general...!

No le habría costado nada a Vezin tranquilizarme amablemente, bautizando a esos famosos aviones: «Unos cazas que hay del lado de Albert...».

¡El sentido era exactamente el mismo!

* Siglas en francés correspondientes a «defensa contra aeronaves» o «defensa contra aviones». *(N. del E.)*

IV

Todo está dispuesto. Estamos a bordo. Solo falta probar los laringófonos.

—¿Oye bien, Dutertre?

—Oigo bien, mi capitán.

—Y usted, artillero, ¿me oye bien?

—Yo... sí... muy bien.

—Dutertre, ¿oye usted bien al ametrallador?

—Lo oigo bien, mi capitán.

—Ametrallador, ¿oye usted a Dutertre?

—Yo... sí... muy bien.

—¿Por qué dice usted siempre: «Yo... sí... muy bien»?

—Estoy buscando mi lápiz, mi capitán.

Los laringófonos no están averiados.

—Artillero, ¿la presión de aire en las botellas es normal?

—Yo... sí... normal.

—¿Las tres botellas?

—Las tres botellas.

—¿Listo, Dutertre?
—Listo.
—¿Listo, artillero?
—Listo.
—Entonces vamos.
Y despego.

V

La angustia proviene de la pérdida de una verdadera identidad. Si espero un mensaje del que depende mi felicidad o mi desesperación, me encuentro como lanzado a la nada. Mientras la incertidumbre me mantiene en vilo, mis sentimientos y mis actitudes no son más que un disfraz temporal. El tiempo cesa de crear, segundo a segundo, la construcción del árbol, el verdadero personaje que habitará en mí dentro de una hora. Ese yo desconocido marcha a mi encuentro desde el exterior como un fantasma. Entonces experimento una sensación de angustia. Las malas noticias no causan angustia sino sufrimiento: es totalmente distinto.

Y de repente, el tiempo ha cesado de fluir en el vacío. Por fin estoy centrado en mi función. Ya no me proyecto en un futuro sin rostro. Ya no soy aquel que tal vez clavará una barrena en el torbellino del incendio. El futuro ya no me obsesiona como si fuera una aparición extraña. En adelante, serán mis actos, uno tras otro, los que creen ese futuro. Soy el que controla la brújula para mantener los trescientos trece grados, quien regula la rotación de las hélices y la temperatura del aceite. Son preocupaciones inmediatas y sanas. Son las preocupaciones domésticas, las pequeñas obligaciones del día que evitan que uno se sienta envejecer. La jornada se convierte en una casa bien brillante, en suelos bien encerados, oxígeno bien aprovechado. Controlo en efecto el oxígeno, pues subimos deprisa: seis mil setecientos metros.

—Dutertre, ¿suficiente oxígeno? ¿Se nota bien?

—Va bien.

—Hey, artillero, ¿suficiente oxígeno?

—Yo... sí... suficiente, mi capitán.

—¿No ha encontrado su lápiz?

Soy también el que pulsa el botón S y el botón A para controlar las ametralladoras. A propósito...

—Hey, artillero, ¿hay alguna ciudad grande detrás en su ángulo de tiro?

—Hum... no, mi capitán.

—Entonces, pruebe sus ametralladoras.

Oigo las ráfagas.

—¿Funciona bien?

—Funciona bien.

—¿Todas las ametralladoras?

—Hum... sí, todas.

Disparo a mi vez. Me pregunto adónde van a parar estas balas que se vierten sin escrúpulos a lo largo de los campos amigos. Nunca matan a nadie. La tierra es grande.

Así, me alimento del contenido de cada minuto. Estoy tan poco angustiado como un fruto que madura. Claro que a mi alrededor las condiciones del vuelo irán cambiando. Las condiciones y los problemas. Pero formo parte de la creación de este futuro. El tiempo me moldea poco a poco. Al niño no le asusta convertirse pacientemente en un viejo. Es niño, y juega a sus juegos de niño. Yo también juego. Cuento los cuadrantes, los distintos mandos, los botones, las palancas de mi reino. Cuento ciento tres objetos que tengo que comprobar, estirar, girar o empujar. (He hecho algo de trampa contando por dos el comando de mis ametralladoras: lleva un pasador de seguridad). Esta noche asombraré al granjero que me aloja. Le diré:

—¿Sabe cuántos instrumentos tiene que controlar hoy día un piloto?

—¡Cómo quiere que lo sepa!

—No importa. Diga una cifra.

—¿Qué cifra quiere que diga?

Porque mi granjero no tiene ningún tacto.

—Diga cualquier cifra.

—Siete.

—Ciento tres.

Y me quedaré satisfecho.

Mi tranquilidad se debe también a que todos los instrumentos que me incomodan están en su sitio y tienen su significado. Todo este lío de tuberías y de cables se ha convertido en una red de circulación. Soy un organismo cuya vida depende del avión. El avión fabrica mi bienestar cuando giro tal botón que calienta progresivamente mi ropa y mi oxígeno. Por otra parte, el oxígeno está demasiado caliente y me quema la nariz. A su vez, un complejo instrumento distribuye el oxígeno necesario según la altitud. Y el avión es quien me alimenta. Esto me parecía inhumano antes del vuelo, y ahora, amamantado por el propio avión, siento por él una especie de ternura filial. Una especie de ternura de niño de pecho. En cuanto a mi peso, se ha distribuido sobre puntos de apoyo. Mi triple espesor de trajes superpuestos, mi pesado paracaídas dorsal pesan contra el asiento. Mis enormes botas reposan sobre el balancín. Mis manos, con sus guantes gruesos y rígidos, tan torpes en tierra, maniobran el volante con facilidad. Maniobran el volante... Maniobran el volante...

—¡Dutertre!

—¿... tán?

—Compruebe antes los contactos. Le oigo de forma intermitente. ¿Me oye usted?

—Le... oí... capi...

—¡Arregle ese maldito desastre! ¿Me oye?

La voz de Dutertre se aclara.

—¡Le oigo muy bien, mi capitán!

—Bueno. También hoy los comandos están congelándose, el volante está duro; en cuanto al balancín, está completamente atascado.

—No suena muy divertido. ¿Qué altitud?

—Nueve mil siete.

—¿Y el frío?

—Cuarenta y ocho grados. Y usted, ¿algún problema con el oxígeno?

—Ninguno, mi capitán.

—Artillero, ¿algún problema con el oxígeno?

No hay respuesta.

—Artillero, ¡hey!

No hay respuesta.

—Dutertre, ¿oye usted al ametrallador?

—No oigo nada, mi capitán.

—Llámelo.

—¡Hey, artillero!, ¡artillero!

No hay respuesta. Pero, antes de bajar, sacudo brutalmente el avión para despertar al otro, por si duerme.

—¿Mi capitán?

—¿Es usted, artillero?

—Yo... hum... sí...

—¿No está seguro?

—¡Sí!

—¿Por qué no contestaba?

—Estaba probando la radio. ¡Había desconectado!

—Es usted un imbécil ¡Eso se avisa! He estado a punto de bajar: ¡pensaba que estaba muerto!

—Yo... no...

—Creo en su palabra. Pero ¡no vuelva a hacerme esta jugarreta! ¡Avíseme, por Dios, antes de desconectar!

—Lo siento, mi capitán. Entendido, mi capitán. Avisaré.

Pues el organismo no detecta si hay una avería de oxígeno, la cual se plasma en una vaga euforia que conduce en pocos segundos a la pérdida del conocimiento y en algunos minutos a la muerte. El control permanente de la distribución de oxígeno es, pues, indispensable, así como el control, por parte del piloto, del estado de sus pasajeros.

Doy, pues, pequeños pellizcos al tubo de alimentación de mi máscara para sentir sobre mi nariz las bocanadas calientes que otorgan la vida.

En resumen, hago mi trabajo. Solo experimento el placer físico de actos llenos de sentido que se bastan a sí mismos. No experimento ni la sensación de un gran peligro (estaba mucho más inquieto mientras me vestía), ni el sentimiento de un gran deber. El combate entre Occidente y el nazismo se convierte esta vez, según la escala de mis actos, en acciones ejecutadas sobre unas manijas, unas palancas y unas llaves. Es así. El sacristán expresa el amor por su Dios encendiendo las velas. El sacristán camina con paso seguro por una iglesia que no ve, y está satisfecho de hacer florecer uno tras otro los candelabros. Cuando se hallan todos encendidos, se frota las manos. Está orgulloso de sí mismo.

Yo he regulado admirablemente el paso de mis hélices, y mantengo mi rumbo, grado más, grado menos. Esto debe de asombrar a Dutertre si se molesta en observar la brújula...

—Dutertre... tengo... el rumbo en la brújula... ¿es correcto?

—No, mi capitán. Demasiado deriva. Incline hacia la derecha.

¡No importa!

—Mi capitán, cruzamos las líneas. Empiezo con las fotos. ¿Qué altitud marca en su altímetro?

—Diez mil.

VI

—¡Capitán... brújula!

Exacto. He inclinado el avión hacia la izquierda. No es por casualidad... Es la ciudad de Albert la que me aleja. La adivino muy lejos, hacia delante. Pero ya siento la enorme presión contra mi cuerpo que ejerce esa «prohibición *a priori*». ¡Qué memoria se oculta, pues, en el espesor de los miembros! Mi cuerpo recuerda las caídas sufridas, las fracturas de cráneo, los comas viscosos como jarabe, las noches de hospital. Mi cuerpo teme los golpes. Trata de evitar a Albert. Cuando no lo vigilo, se inclina hacia la izquierda. Tira hacia la izquierda como lo haría un viejo caballo que desconfiase ya para siempre del obstáculo que una vez lo asustó. Y se trata de mi cuerpo... no de mi espíritu. Cuando estoy distraído, mi cuerpo se comporta de forma astuta y esquiva a Albert.

Pues no experimento ninguna sensación desagradable. Ya no quiero eludir esta misión. Hace apenas un momento creía que ese era mi deseo. Me decía: «Los laringófonos estarán averiados. Tengo mucho sueño. Me iré a dormir». ¡Qué imagen tan maravillosa creé de ese lecho de pereza! Pero, en el fondo, también sabía que lo único que se puede esperar de una misión fallida es una especie de malestar amargo. Es como si una muda que es necesaria hubiera fracasado.

Esto me recuerda al colegio... cuando era niño...

—¡Capitán!

—¡Qué!

—No, nada... creí haber visto...

No me gusta lo que cree haber visto.

Sí... De niño, para ir al colegio, nos levantamos demasiado pronto. Nos levantamos a las seis de la mañana. Hace frío. Nos frotamos los ojos y sufrimos de antemano pensando en la aburrida clase de gramática. Y soñamos en caer enfermos para despertarse en la enfermería, donde unas monjas con toca blanca nos llevarán a la cama infusiones azucaradas. Nos hacemos mil ilusiones pensando en ese paraíso. Entonces, claro, si estaba resfriado tosía un poco más de la cuenta. Y, desde la enfermería, donde me despertaba, oía tocar la campana para los otros alumnos. Pero, si me había excedido fingiendo, esta campana me castigaba; me convertía en un fantasma. Tocaba fuera de las horas que le correspondían: las de la austeridad de las clases, las del tumulto de los recreos, las del calor del refectorio. Creaba para los vivos, allí afuera, una existencia densa, rica en miserias, en impaciencias, en alegrías, en pesares. Yo ya no existía, se olvidaban de mí, asqueado de tantas infusiones insípidas, de la cama húmeda y de horas sin rostros.

Uno no puede esperar nada de una misión fallida.

VII

En ocasiones, como hoy, la misión no nos satisface. Es tan evidente que jugamos a un juego que imita la guerra... Jugamos a policías y ladrones. Observamos correctamente la moral de nuestros libros de historia y las reglas de nuestros manuales. Así, la noche anterior iba yo en coche por la carretera. Y el centinela de guardia, cumpliendo la consigna, cruzó la bayoneta delante del coche, lo mismo que habría hecho ante un tanque. Jugamos a cruzar la bayoneta ante los tanques.

¿Cómo podríamos exaltarnos con esas farsas algo crueles, en las que solo somos unos figurantes, cuando nos piden que desempeñemos ese papel hasta la muerte? La muerte es demasiado seria para una farsa.

¿Quién se vestiría en un estado de plena exaltación? Nadie. Hochedé, una especie de santo que ha alcanzado ese don permanente que representa sin duda la plenitud del hombre, el mismo Hochedé se refugia en el silencio. Mientras se visten, los compañeros permanecen callados con expresión malhumorada, y no es debido a una falsa modestia propia de héroes. Ese malhumor no pretende ocultar ninguna exaltación. Dice lo que dice. Y yo conozco esa expresión. Es la del malhumor del gerente que no entiende nada de las consignas que le ha dictado un jefe ausente, al que, sin embargo, sigue siéndole fiel. Todos los compañeros sueñan con sus habitaciones tranquilas, pero ninguno de nosotros elegiría, a la hora de la verdad, irse a dormir.

Pero es fundamental no exaltarse. En la derrota, no existe esperanza alguna de exaltación. Lo importante es equiparse, subir a bordo y despegar. Lo que uno piense no tiene ninguna importancia. Y ese niño que se entusiasmase ante la idea de las lecciones de gramática me parecería pretencioso y sospechoso. Lo importante es poder gestionar un objetivo que no se manifiesta al momento. Ese objetivo no es para la inteligencia sino para el espíritu. El espíritu sabe amar, pero está dormido. Sé en qué consiste la tentación tan bien como un sacerdote de la Iglesia. Ser tentado es tener la tentación, cuando el espíritu duerme, de ceder a las razones de la inteligencia.

¿De qué sirve que emplee mi vida en ese derrumbe de montaña? Lo ignoro. Me han repetido cien veces: «Déjese de cambiar de destino. Allí está su sitio. Será usted más útil que en una escuadrilla. Podemos formar a miles de pilotos...». El argumento era irrefutable. Todos los argumentos son irrefutables. Mi inteligencia le daba la razón, pero mi instinto prevaleció sobre la inteligencia.

¿Por qué se me antojaba ilusorio este razonamiento

cuando no tenía nada que objetarle? Yo me decía: «Los intelectuales se mantienen en reserva como tarros de confitura sobre las estanterías de la propaganda, para ser comidos después de la guerra...». ¡No era una respuesta!

Todavía hoy, como todos los compañeros, me he deshecho de todos los razonamientos, de todas las evidencias, de todas las reacciones del momento. Ya llegará el día en que comprenderé que tenía razón en contra de mi razón. Me he prometido, si vivo, este paseo nocturno por mi pueblo. Tal vez entonces podré estar conmigo mismo. Y ya veré.

Tal vez no tenga nada que decir sobre lo que veré. Cuando una mujer me parece hermosa, no tengo nada que decir. La veo simplemente sonreír. Los intelectuales desmontan el rostro para explicarlo por partes, pero ya no ven la sonrisa.

Conocer no es desmontar, ni explicar. Es acceder a la visión. Pero, para ver, primero uno debe participar. Es un duro aprendizaje...

Durante todo el día mi pueblo ha resultado invisible para mí. Antes de la misión, consistía únicamente en muros de argamasa y en aldeanos más o menos sucios. Ahora consiste en un poco de grava a diez kilómetros debajo de mí. Ahí está mi pueblo.

Pero tal vez esta noche un perro guardián se despertará y ladrará. Siempre me ha gustado la magia de un pueblo que sueña en voz alta a través del ladrido de un solo perro guardián, en la noche clara.

No espero que nadie me entienda, y además me es completamente indiferente. ¡Que se muestre ante mí, simplemente, con sus puertas cerradas sobre la provisión de granos, sobre el ganado, sobre las costumbres, mi pueblo bien acomodado para dormir!

Los aldeanos, de regreso del campo, ya levantada la mesa, acostados los niños y apagada la lámpara, se fundirán en su silencio. Y solo quedará, bajo las hermosas sábanas almidonadas del campo, los lentos movimientos de la respiración, como restos de un oleaje, después de la tormenta, sobre el mar.

Dios suspende el uso de las riquezas mientras dure el balance nocturno. La herencia guardada en reserva se me aparecerá de esa forma más claramente, cuando los hombres reposen con las manos abiertas debido al juego del sueño inflexible que relaja los dedos hasta el amanecer.

Tal vez entonces contemplaré aquello que no tiene nombre. Habré caminado como un ciego, a quien las palmas de las manos han conducido hasta el fuego. Él no sabría describirlo y sin embargo lo ha encontrado. Así, tal vez se mostrará lo que conviene proteger, lo que no se ve, pero perdura, a la manera de una brasa, bajo la ceniza de las noches de los pueblos.

No cabía esperar nada de una misión fallida. Para comprender un simple pueblo primero debes...

—¡Capitán!

—¿Sí?

—¡Seis cazas, seis, delante, a la izquierda!

Ha sonado como un trueno.

Es necesario... es necesario... me gustaría, sin embargo, alguna vez recibir algo a cambio. Me gustaría tener derecho al amor. Me gustaría saber por quién muero...

VIII

—¡Artillero!

—¿Capitán?

—¿Ha oído? ¡Seis cazas, seis, delante, a la izquierda!

—¡Entendido, capitán!

—Dutertre, ¿nos han visto?

—Nos han visto. Viran hacia nosotros. Volamos quinientos metros por encima de ellos.

—Artillero, ¿ha oído? Volamos quinientos metros por encima. ¡Dutertre!, ¿lejos todavía?

—... algunos segundos.

—Artillero, ¿ha oído? Estarán en la cola en pocos segundos.

Ahí están. Ya los veo. Pequeños. Un enjambre de avispas envenenadas.

—Artillero. Están debajo de nosotros. Los verá dentro de un instante. ¡Ahí!

—No... no veo nada. ¡Ah, ya los veo!

¡Ya no los veo!

—¿Nos persiguen?

—¡Nos persiguen!

—¿Suben mucho?

—No sé... No creo... ¡No!

—¿Qué decide, mi capitán?

Es Dutertre quien ha hablado.

—¡Qué quiere que decida!

Y nos callamos.

No hay nada que decidir. Es cosa de Dios exclusivamente. Si virara, acortaría la distancia que nos separa. Como seguimos rectos hacia el Sol y a una gran altitud no puede uno elevarse quinientos metros sin perder algunos kilómetros sobre la presa, tal vez, antes de llegar a nuestra altura, donde recobrarán su velocidad, nos hayan perdido en el Sol.

—Artillero, ¿siguen subiendo?

—Siguen.

—¿Ganamos altitud sobre ellos?

—¡Hum... no... sí!

Ya es asunto de Dios y del Sol.

En previsión de un posible combate (aunque un grupo de cazas suele asesinar más que combatir) me esfuerzo, luchando contra ellos con todos mis músculos, para desbloquear el balancín congelado. Experimento una extraña sensación, pero tengo aún los cazas en los ojos. Y me apoyo con todas mis fuerzas sobre los comandos rígidos.

Una vez más observo que esta acción, que, sin embargo, me reduce a una espera absurda, me altera menos que el hecho de vestirme. Experimento también una especie de ira, una ira benéfica.

Pero ninguna embriaguez por el sacrificio. Me gustaría morder.

—Artillero, ¿los perdemos?

—Los perdemos, mi capitán.

Esto va bien.

—Dutertre... Dutertre...

—¿Mi capitán?

—No... nada.

—¿Qué pasaba, mi capitán?

—Nada... Creía que... nada...

No les diré nada. No quiero hacerles esa jugarreta. Si hago una inmersión en espiral ya lo verán. Ya verán que desciendo en espiral...

No es normal que esté empapado de sudor con cincuenta grados de frío. No es normal. ¡Ah! Ya entiendo lo que me pasa: estoy perdiendo poco a poco la conciencia. Muy poco a poco...

Veo el tablero de a bordo. Ya no veo el tablero de a bordo. Ya no siento mis manos sobre el volante. No tengo ni siquiera fuerzas para hablar. Me abandono... Abandonarse...

He pellizcado el tubo de caucho, y he recibido directo en la nariz la bocanada que trae la vida. No es, pues, una avería de oxígeno. Es... sí, claro está. He sido un estúpido. Es el balancín de dirección. He hecho un enorme esfuerzo intentando desbloquear el balancín, el mismo que haría un estibador, o un conductor de camiones. A diez mil metros de altitud, me he comportado como un luchador de feria. Y gastado más oxígeno del que me correspondía. Debí haberlo usado con discreción. Estoy pagando esa orgía...

Respiro pesadamente. Mi corazón late deprisa, muy aprisa. Es como un débil cascabel. No diré nada a mi tripulación. ¡Si desciendo en espiral, pronto lo sabrán! Veo el tablero de a bordo... Ya no veo el tablero de a bordo...Y me siento triste envuelto en mi sudor.

La vida ha regresado dulcemente.

—¡Dutertre...!

—¿Mi capitán?

Me gustaría comunicarle lo que ha pasado.

—Creí... que...

Pero renuncio a explicarme. Las palabras consumen demasiado oxígeno y mis dos palabras han bastado para dejarme sin aliento. Soy un débil, un débil convaleciente.

—¿Qué ha pasado, mi capitán?

—No... nada...

—¡Mi capitán, está usted de lo más enigmático!

Estoy enigmático, pero vivo...

—... No... han podido... con nosotros...

—¡Oh, mi capitán, por ahora no...!

Por ahora no; pero queda Arrás.

Así, durante unos minutos, creí que no volvería, y, sin embargo, no he observado en mí esa terrible angustia que dicen que blanquea de golpe el pelo. Y me acuerdo de Sagon, del testimonio de Sagon, a quien visitamos pocos días después de que su avión fuese derribado hace dos meses por el enemigo, en zona francesa: ¿qué experimentó Sagon, tras haberlo rodeado los cazas, clavado por decirlo así en su potro de ejecución, creyó que estaría muerto al cabo de diez segundos?

IX

Lo recuerdo perfectamente tumbado en la cama del hospital. La rodilla se le enganchó a la parte trasera del avión y se la rompió mientras saltaba en paracaídas. Pero Sagon no sintió el impacto contra el suelo. Tenía heridas de cierta gravedad en la cara y las manos, pero, en general, su estado no era preocupante. Nos explica lentamente su historia, con voz neutra, como si se tratase de un informe sobre un acontecimiento algo desagradable.

—... Al encontrarme rodeado de balas luminosas me di cuenta de que disparaban. Mi tablero de a bordo estalló. Luego vi un poco de humo, ¡oh, no mucho!, que parecía venir de la parte delantera del avión. Pensé que era... usted sabe que allí hay una tubería de conexión... ¡Oh, no ardía mucho...!

Sagon hace una mueca. Sopesa el asunto. Estima importante decirnos si ardía mucho o no. Vacila.

—Aun así, era fuego... Entonces les dije que saltaran...

¡Pues el fuego en diez segundos convierte un avión en una antorcha!

—Abrí entonces la trampilla de salida. Me equivoqué. Se produjo una succión de aire... el fuego... me molestó.

Un horno de locomotora te escupe en el vientre un torrente de llamas a siete mil metros de altitud y ¡te molesta! No traicionaré a Sagon exaltando su heroísmo o su pudor. Porque él no admitiría ese heroísmo o ese pudor. Diría: «¡Sí! ¡Sí! Me molestó...».

Por otra parte, es evidente que se esfuerza en ser exacto.

Sé muy bien que el campo de la conciencia es minúsculo. No acepta más que un problema al mismo tiempo. Si uno se lía a golpes con alguien y la estrategia de esa lucha no lo preocupa, no sufre por los golpes recibidos. Cuando creí ahogarme en un accidente de hidroavión, el agua, que estaba helada, me pareció tibia. O, más exactamente, mi conciencia no consideró la temperatura del agua. Estaba absorbida por otras preocupaciones. La temperatura del agua no dejó ninguna huella en mi recuerdo. La conciencia de Sagon se centraba exclusivamente en cómo saldría de allí. Así, el universo de Sagon se limitaba a la manivela que abre la trampilla, a cierta empuñadura del paracaídas cuyo emplazamiento le preocupaba y en cómo se las apañaría su tripulación. «¿Han saltado ustedes?». Nadie responde. «¿Nadie a bordo?». Ninguna respuesta.

—Pensé que estaba solo. Y que ya podía salir de allí... —Tenía la cara y las manos chamuscadas—. Me levanté, me subí sobre la carlinga y permanecía durante un momento sobre el ala. Una vez allí, me incliné hacia delante: no vi al observador aéreo...

El observador aéreo, muerto al instante por un disparo de los cazas, yacía en el fondo de la carlinga.

—Entonces retrocedí y tampoco vi al artillero...

El artillero también se había desplomado.

—Pensé que estaba solo...

Añadió a modo de reflexión:

—Si hubiera sabido... habría podido volver a bordo... Tampoco ardía tanto. Me quedé así mucho tiempo sobre el ala... Antes de dejar la carlinga, había encabritado el avión. El vuelo era correcto, la respiración soportable y yo me sentía cómodo. ¡Oh!, sí, me quedé mucho rato sobre el ala... no sabía qué hacer...

No es que a Sagon se le plantearan problemas excesivamente complejos en ese momento: se creía solo a bordo, el avión ardía y los cazas pasaban una y otra vez disparándole. Lo que Sagon pretendía decirnos era que no experimentaba ningún deseo. No experimentaba nada. Disponía de todo el tiempo del mundo. Se sumergió en una especie de ocio infinito. Y, punto por punto, yo reconocía esa extraña sensación que acompaña a veces la inminencia de la muerte, un bienestar inesperado... ¡Y qué mejor manera de desmentir a través de esa realidad ese imaginario que habla de la angustiante precipitación! ¡Sagon se queda allí sobre su ala, como si lo hubieran precipitado fuera del tiempo!

—Y luego salté —dice—, pero salté mal. Empecé a girar sobre mí mismo. Temí que, si abría demasiado pronto el paracaídas, me enredaría en él. Esperé hasta recuperar la estabilidad. Y esperé mucho tiempo...

Así, desde el principio hasta el final de su aventura, Sagon conserva el recuerdo de haber esperado. Esperó a que ardiera más. Luego esperó sobre el ala, no sé muy bien qué. Y, en caída libre, vertical, hacia el suelo, seguía esperando.

Y se trataba realmente de Sagon, y de incluso un Sagon algo rudimentario, más de lo habitual, de un Sagon un poco perplejo que, suspendido sobre un abismo, pataleaba de aburrimiento.

X

Llevamos ya dos horas sumergidos en una presión exterior reducida a un tercio de la presión normal. La tripulación se consume lentamente. Apenas hablamos entre nosotros. He intentado un par de veces más, con precaución, solucionar el problema del balancín de dirección. No he insistido. En cada ocasión, he tenido la misma sensación de calma agotadora.

Dutertre, en vista de los virajes que exige la foto, me avisa con mucha antelación. Hago lo que puedo con lo que me queda de volante. Inclino el avión y tiro hacia mí. Y consigo para Dutertre unos virajes en veinte tomas.

—¿Qué altitud?

—Diez mil doscientos...

Pienso otra vez en Sagon... El hombre es siempre hombre. Somos hombres. Y, en mí, solo me encontré a mí mismo. Sagon no ha conocido más que a Sagon. Aquel que muere muere como era. En la muerte de un simple minero tan solo hay un simple minero que muere. ¿Dónde está esa demencia salvaje que, para deslumbrarnos, inventan los literatos?

En España, vi a un hombre que salía del sótano de una casa derrumbada por una bomba, tras unos días de que hubieran estado escarbando entre los escombros. La gente rodeaba en silencio, y a mi entender con cierta timidez, a aquel que volvía del más allá, envuelto aún en sus escombros, medio embrutecido por la asfixia y por el ayuno, semejante a una especie de monstruo apagado. Cuando algunos se atrevieron a preguntarle, su expresión se volvió lúgubre, y entonces la timidez de las gentes se convirtió en malestar.

Lo abordaron de forma torpe; nadie supo formular la verdadera pregunta. Le decían: «¿Qué sentía usted? ¿Qué pensaba usted? ¿Qué hacía usted...?». Echaban así al azar pasarelas sobre un abismo, como si hubieran recurrido a algún acuerdo anterior para alcanzar, en su noche, al ciego sordomudo al que intentaban socorrer.

Sin embargo, cuando el hombre pudo contestarnos, respondió:

—¡Ah!, sí, oía fuertes crujidos...

O bien:

—Estaba muy preocupado. Estaba durando mucho... ¡Ah!, duraba demasiado...

O bien:

—Me dolían los riñones, me dolían mucho...

Y aquel buen hombre no nos hablaba más que del buen hombre. Nos habló sobre todo de su reloj... que había perdido...

—Lo estuve buscando... le tenía mucho cariño... pero en la oscuridad...

Y, ciertamente, la vida le había enseñado la sensación del paso del tiempo o el amor a los objetos familiares. Y se valía del hombre que era para sentir su universo, aunque fuera el universo de un derrumbe en la noche. Y a la pregunta fundamental, que nadie supo hacerle, pero que subyacía a todas las demás: «¿Quién era usted? ¿Quién surgió en usted?», solo habría podido responder: «Yo mismo...».

Ninguna circunstancia despierta en nosotros a un extraño, de cuya existencia no hubiéramos sospechado. Vivir es nacer lentamente. ¡Sería demasiado fácil conseguir almas ya hechas!

A veces, parece que una iluminación repentina haga que una vida se bifurque. Pero la iluminación es tan solo la visión repentina, por parte del espíritu, de un camino que se ha preparado lentamente. Yo aprendí lentamente la gramática. Me enseñaron sintaxis. Despertaron mis sentimientos. Y de pronto un poema golpea mi corazón.

En este momento no experimento ningún amor, pero, si esta noche se me revelase algo, sería el haber cargado mis pesadas piedras hasta la construcción invisible. Preparo una fiesta. No tendré ningún derecho a hablar de una aparición repentina en mí de otro distinto de mí, puesto que soy yo quien construye este otro.

No tengo derecho a esperar nada de esta acción de guerra, tan solo esta lenta preparación. Pagará más tarde, como la gramática...

En nosotros ha ido desapareciendo cualquier atisbo de vida a causa de este lento desgaste. Envejecemos. La misión envejece. ¿Qué precio pagamos por la gran altitud? ¿Una hora vivida a diez mil metros equivale a una semana, a tres semanas, a un mes de vida orgánica, de ejercicio del corazón, de los pulmones, de las arterias? De hecho, poco me importa. Mis semidesvanecimientos me han echado siglos encima: estoy inmerso en la serenidad de los ancianos. Las emociones que experimentaba cuando me equipaba para el vuelo se me aparecen como infinitamente lejanas, perdidas en el pasado. Arrás infinitamente alejado en el futuro. ¿La aventura de la guerra? ¿Dónde está la aventura de la guerra?

Hace diez minutos he estado a punto de desaparecer y no tengo nada que contar, salvo el paso de avispas minúsculas entrevistas durante tres segundos. La verdadera aventura habría durado una décima de segundo. Y, entre nosotros, no se vuelve, no se vuelve nunca para contarla.

—Un poco de pie a la izquierda, mi capitán.

Dutertre ha olvidado que mi balancín está congelado. Pienso en un grabado que me entusiasmaba en mi infancia. Se veía, sobre un fondo de aurora boreal, un extraordinario cementerio de barcos perdidos, inmovilizados en los mares del sur. Abrían, en la luz cenicienta de una especie de noche eterna, unos brazos cristalizados. En una atmósfera muerta, tendían aún unas velas que habían conservado las huellas del viento, como un lecho conserva una huella leve de un hombro delicado. Pero nos parecían tiesas y quebradizas.

Aquí también todo está congelado. Mis comandos están congelados. Mis ametralladoras están congeladas. Y cuando le he preguntado al artillero:

—¿Sus ametralladoras...?

—Ya nada.

—Ah, bueno.

Por el tubo de exhalación de mi máscara escupo agujitas de hielo. De vez en cuando tengo que aplastar, a través del caucho flexible, el tapón de escarcha que me ahoga. Cuando aprieto, lo siento rechinar en la palma de mi mano.

—Artillero, ¿va bien el oxígeno?

—Va bien...

—¿Qué presión en las botellas?

—¿Eh...? Setenta.

—Ah, bueno.

También el tiempo se ha congelado para nosotros. Somos tres viejos de barba blanca. Nada se mueve. Nada es urgente. Nada es cruel.

¿La aventura de la guerra? Un día, el comandante Alias creyó que debía decirme:

—¡Intente tener cuidado!

¿Cuidado de qué, comandante Alias? El caza le cae a uno encima como el rayo. El grupo de cazas, que te domina desde mil quinientos metros de altitud, tras haberte descubierto por debajo de él, se toma las cosas con calma. Bordea, se orienta, se coloca. Uno lo ignora todo aún. Es el ratón aprisionado en la sombra del ave rapaz. El ratón se imagina que vive. Alegre, juega todavía en los trigales. Pero ya es prisionero de la retina del gavilán, está mejor enganchado a esta retina que a un pegamento, pues el gavilán ya no lo soltará.

Y uno, al igual que el ratón, continúa pilotando, soñando, observando la tierra, cuando ya lo ha condenado el imperceptible signo negro que se ha formado en una retina de hombre.

Los nueve aviones del grupo de cazas se inclinarán verticalmente cuando les plazca. Disponen de todo el tiempo del mundo. Darán, a novecientos kilómetros por hora, ese prodigioso golpe de arpón que nunca yerra su presa. Un escuadrón de bombardeo constituye una potencia de tiro que ofrece algunas posibilidades a la defensa, pero un equipo de reconocimiento, aislado en pleno cielo, nunca triunfará frente a las setenta y dos ametralladoras que no se revelarán ante él más que por el haz luminoso de sus balas.

En el instante mismo en que uno comprende que habrá un combate, el cazador, que ya ha soltado de golpe su veneno, como la cobra, ya neutro e inaccesible, nos dominará. Así las cobras se balancean, lanzan su fogonazo y vuelven a balancearse.

De este modo, cuando el grupo de cazas haya desaparecido, nada habrá cambiado aún. Ni siquiera las caras cambiarán. Cambian ahora que el cielo está vacío y la paz establecida. Ya el cazador no es más que un testigo imparcial cuando de la carótida seccionada del observador fluye el primer espasmo de sangre, cuando del capó del motor derecho se filtra, vacilante, la primera llamarada de la fragua. Así, la cobra se ha enroscado ya cuando el veneno penetra en el corazón y cuando el primer músculo de la cara empieza a contraerse. El grupo de cazas no mata; siembra la muerte. Esta germina cuando ya han desaparecido.

¿Cuidado de qué, comandante Alias? Cuando nos hemos cruzado con los cazas, no había nada que decidir. Podría no haberlos reconocido. Si me hubieran dominado, ¡nunca los habría conocido!

¿Cuidado de qué? El cielo está vacío.

La tierra está vacía.

No se ve a ningún hombre cuando se observa desde una distancia de diez kilómetros. Los pasos del hombre ya no se leen a esta escala. Nuestros aparatos fotográficos de largo alcance nos sirven aquí de microscopio. Se necesita el microscopio para alcanzar, no al hombre —aún escapa a este instrumento—, sino las señales de su presencia, los caminos, los canales, los convoyes, las chalanas. El hombre fertiliza una lámina de microscopio. Yo soy un sabio glacial y su guerra ya es para mí tan solo un ensayo de laboratorio.

—¿Disparan, Dutertre?

—Creo que disparan.

Dutertre no sabe nada. Los estallidos son demasiado lejanos y las manchas de humo se confunden con el suelo.

No pueden esperar abatirnos con un tiro tan impreciso. Estamos a diez mil metros, somos prácticamente invulnerables. Disparan para situarnos donde ellos quieren y tal vez guiar la caza sobre nosotros. Una caza perdida en ese cielo como un polvillo invisible.

La artillería terrestre nos divisa por la banda de nácar blanca que un avión, si vuela a gran altitud, arrastra como un velo de recién casada. La sacudida que produce el paso del bólido cristaliza el vapor de agua de la atmósfera. Y desenrollamos, detrás de nosotros, un cirro de agujas de hielo. Si las condiciones externas son propicias a la formación de nubes, esa estela se irá engrosando lentamente, hasta convertirse en una nube nocturna sobre el campo.

La radio de a bordo, los cohetes y el lujo ostentoso de nuestra banda blanca guían a los cazas hacia nosotros. Sin embargo, estamos inmersos en un vacío casi sideral.

Sé bien que navegamos a quinientos treinta kilómetros por hora... Sin embargo, todo permanece inmóvil. La velocidad se manifiesta en una pista de carreras. Pero aquí todo está sumergido en el espacio. Así, la tierra, a pesar de sus cuarenta y dos kilómetros por segundo, da lentamente la vuelta al Sol. Invierte un año en hacerlo. Tal vez también nosotros nos veamos atrapados lentamente en ese ejercicio de gravitación. ¿La densidad de la guerra aérea? ¡Granos de polvo en una catedral! Y, como granos de polvo también nosotros, tal vez atraigamos algunas decenas o centenares de otros granos de polvo. Y toda esta ceniza, como una alfombra sacudida, sube lentamente hacia el Sol.

¿Cuidado de qué, comandante Alias? No veo, mirando por la vertical, más que baratijas de otra época bajo un cristal puro que no tiembla. Me inclino sobre víctimas de museo. Pero ya se presentan a contraluz. Muy lejos, ante nosotros, están Dunkerque y el mar. Pero por la oblicua no distingo ya gran cosa. El Sol está ahora demasiado bajo y yo domino una gran placa que reverbera.

—¿Ve usted algo, Dutertre, a través de toda esta porquería?

—Por la vertical, sí, mi capitán.

—Eh, artillero, ¿no hay noticias de los cazas?

—No hay noticias...

En realidad, ignoro totalmente si nos persiguen o no y si se nos ve o no desde la tierra arrastrar una colección de babas del diablo parecidas a las nuestras.

«Baba del diablo» me hace soñar. Recuerdo una imagen que me parece encantadora: «... inaccesible como una mujer demasiado bella, perseguimos nuestro destino, arrastrando lentamente nuestro traje con su cola de estrellas de hielo».

—¡Dé un poco de pie a la izquierda!

Esta es la realidad. Pero vuelvo a mi poesía de pacotilla: «Este viraje provocará el viraje de un cielo entero de enamorados...».

Pie a la izquierda... Pie a la izquierda... ¡Si pudiera!

La mujer demasiado hermosa falla su viraje.

—Si canta usted, nos estrellaremos... mi capitán.

¿He cantado?

Por otra parte, Dutertre me quita las ganas de música ligera.

—He terminado casi con las fotos. Pronto podrá descender en dirección a Arrás.

Podré... Podré... ¡Seguro! Hay que aprovechar las buenas oportunidades.

¡Toma! También las llaves del gas están congeladas...

Y me digo: «Esta semana ha vuelto una misión de cada tres. Hay, pues, un alto índice de peligro de guerra. Sin embargo, si somos de los que vuelven, no tendremos nada que contar. En otras ocasiones, he vivido algunas aventuras: la creación de las líneas postales, la disidencia saharaui, América del Sur... pero la guerra no es una verdadera aventura; es tan solo una imitación. La aventura se basa en la riqueza de los lazos que establece, de los problemas que plantea, de las creaciones que provoca. Para convertir el simple juego de cara o cruz en aventura, no basta con apostar la vida o la muerte. La guerra no es una aventura. La guerra es una enfermedad. Como el tifus».

Tal vez, más adelante, me dé cuenta de que mi única y verdadera aventura de guerra sucedió en mi habitación de Orconte.

XI

Vivía en Orconte, pueblo cerca de Saint-Dizier, donde mi grupo acampó durante el invierno de 1939 —un invierno muy duro— en una granja construida con paredes de argamasa. La temperatura nocturna descendía lo bastante para transformar en hielo el agua de mi rústica palangana, y lo primero que hacía antes de vestirme era, evidentemente, encender el fuego. Pero ese gesto exigía que saliera de aquella cama en la que estaba caliente y donde me enroscaba con delicia.

Nada me parecía tan maravilloso como aquel simple lecho de monasterio, en aquella habitación vacía y helada. Disfrutaba en él de la beatitud del reposo después de las jornadas duras. Disfrutaba también de la seguridad. Nada me amenazaba. Durante el día, mi cuerpo estaba expuesto a los rigores de la gran altitud y de los proyectiles afilados. Durante el día, mi cuerpo podía convertirse en un nido de sufrimientos y ser desgarrado injustamente. Durante el día, mi cuerpo no me pertenecía... Ya no me pertenecía. Podían arrancarle algún miembro, podían extraerle sangre. Pues, durante la guerra, este cuerpo puede convertirse en un almacén de accesorios que ya no son de tu propiedad. El alguacil viene y reclama los ojos. Y le cedes el don de ver. El alguacil viene y reclama las piernas. Y le cedes el don de caminar. El alguacil viene con su antorcha y te reclama toda la carne de la cara. Y ya no eres más que un monstruo, después de cederle, como rescate, el don de sonreír y de mostrar tu amistad a los hombres. Así, este cuerpo que durante el día podía revelarse en cualquier momento como mi enemigo y hacerme daño, este cuerpo que podía convertirse en fábrica de lamentos, he aquí que era aún mi amigo, obediente y fraternal, bien enroscado bajo las sábanas de su duermevela, solo consciente del placer de vivir, de su feliz ronroneo. Pero tenía que sacarlo de la cama y lavarlo con el agua helada y afeitarlo y vestirlo para ofrecerlo, con buen aspecto, al resplandor de la fragua. Y aquel saltar de la cama era como si a uno lo arrancasen de los brazos maternos, del seno materno, de todo aquello que, durante la infancia, ama, acaricia, protege un cuerpo de niño.

Entonces, después de haber sopesado, madurado y retrasado mi decisión, de pronto saltaba de la cama, con los dientes apretados, hasta la chimenea, donde encendía un fuego de leña que rociaba con nafta. Luego, una vez encendida, atravesaba de nuevo el cuarto y me metía en la cama, en la que recuperaba ese calor y donde, cubierto todo el cuerpo con las colchas y el edredón salvo el ojo izquierdo, vigilaba la chimenea. Al principio apenas prendía, luego aparecían breves destellos, que iluminaban el techo. Después, el fuego empezaba a instalarse allí dentro como si preparase una fiesta. Comenzaba a crepitar, a roncar, a cantar. Era alegre, tan alegre como un banquete de boda campestre, cuando la gente comienza a beber, a exaltarse, a darse con el codo.

O bien me parecía que mi fuego benigno me protegía, como un perro pastor, activo, fiel y diligente, y que hacía bien su trabajo. Mientras lo contemplaba, sentía un júbilo sordo. Y, cuando la fiesta estaba en su apogeo con aquella danza de sombras en el techo y aquella cálida música dorada, y ya, en los rincones, se veían aquellas construcciones de ascuas; cuando mi cuarto se había impregnado bien de aquel olor mágico de humo y de resina, yo saltaba de un amigo al otro, corría de mi cama a mi fuego, iba hacia el más generoso y no sé si me asaba el vientre o me calentaba el corazón. Entre dos tentaciones, cobardemente, había cedido a la más fuerte, a la más rutilante, a la que con su charanga y sus destellos se promocionaba mejor.

Así, encendí tres veces el fuego: volvía a acostarme y de nuevo recolectaba la cosecha de llamas; las tres veces, con los dientes castañeteando, atravesaba las estepas vacías y heladas de mi cuarto, adquiriendo así cierto conocimiento de las expediciones polares. Había caminado a través del desierto hacia una escala feliz y encontraba mi recompensa en ese gran fuego, que danzaba ante mí, para mí, su danza de perro pastor.

Esta historia puede parecer trivial, y, sin embargo, era una gran aventura. Mi habitación me mostraba, claramente, lo que yo nunca habría descubierto si un día hubiera visitado aquella granja como turista. Me habría mostrado tan solo su vacío banal, apenas amueblado con una cama, un lavabo y una chimenea que apenas funcionaba. Habría bostezado durante unos minutos. ¿Cómo habría podido distinguir, unas de otras, estas tres provincias, estas tres civilizaciones, la del sueño, la del fuego, la del desierto? ¿Cómo habría podido presentir la aventura del cuerpo, que es primero un cuerpo de niño suspendido del seno materno y acogido y protegido, luego un cuerpo de soldado creado para sufrir, después un cuerpo de hombre enriquecido de alegría por la civilización del fuego, que es el centro de la tribu? El fuego honra al dueño de la casa y honra también a sus compañeros. Si visitan a su amigo, participan del festín, colocan su silla junto a la de él y, al tiempo que le hablan de los problemas del día, de las inquietudes y de los fastidios, dicen frotándose las manos mientras cargan su pipa: «¡Un fuego siempre es agradable!».

Pero ya no hay fuego que haga que yo crea en la ternura. Ya no hay cuarto helado que haga que crea en la aventura. Me despierto del sueño. Solo hay un vacío absoluto, una vejez extrema. Solo hay una voz que me dice —es la de Dutertre, obstinada en su deseo quimérico—:

—Un poco de pie a la izquierda, mi capitán...

XII

Hago correctamente mi trabajo. Lo cual no impide que forme parte de una tripulación que va a ser derrotada. Estoy sumergido en la derrota. La derrota rezuma por todas partes, y es visible incluso en mi mano.

Las llaves del gas están congeladas. Estoy condenado a maniobrar a toda velocidad. Y entonces mis dos trozos de hierro viejo me plantean problemas intrincados.

En el avión que yo piloto, el aumento del paso de las hélices es limitado, demasiado bajo. No podré evitar alcanzar una velocidad de casi ochocientos kilómetros por hora si desciendo a pleno régimen; eso conllevaría el embalamiento térmico de los motores, y el exceso de velocidad puede producir alguna rotura.

En última instancia podría cortar los contactos. Pero eso provocaría una avería definitiva, y esa avería significaría el fracaso de la misión y la pérdida eventual del avión. No todos los terrenos son favorables al aterrizaje de un aparato que toma contacto con el suelo a ciento ochenta kilómetros por hora.

Es, pues, fundamental que descongele las palancas.

Al primer esfuerzo consigo desbloquear la de la izquierda. Pero la de la derecha sigue resistiéndose.

Ahora, podría descender a una velocidad razonable, si redujera al menos el motor sobre el cual ya puedo accionar, el de la izquierda. Pero, si reduzco el motor de la izquierda, tendré que compensar la tracción lateral del motor de la derecha, que tenderá evidentemente a girar el avión hacia la izquierda. Tendré que controlar esta rotación. Y el balancín del que depende esta maniobra está también completamente congelado. Así que me es imposible compensar nada. Si reduzco el motor de la izquierda, caeré en espiral.

De modo que no me queda otra que correr el riesgo de superar, durante el descenso, el régimen teórico en el que se produce la rotura. Tres mil quinientas revoluciones: peligro de rotura.

Todo esto es absurdo. Nada está como debería estar. Nuestro mundo se compone de engranajes que no encajan. No son los materiales los que faltan, sino el relojero. Quien falta es el relojero.

Después de nueve meses de guerra, todavía no hemos conseguido que las fábricas correspondientes adapten las ametralladoras y los mandos al clima de gran altitud. Y no se trata de negligencia por parte de los hombres, que son en su mayoría honestos y concienzudos. Su inercia, casi siempre, es un efecto y no una causa de su ineficacia.

La ineficacia nos afecta a todos, como una fatalidad.

Afecta a los soldados armados de bayonetas frente a los tanques. Afecta a las tripulaciones que luchan una contra diez. Afecta inclusos a aquellos que tienen por misión modificar ametralladoras y mandos.

Vivimos en el vientre ciego de una administración. Una administración es una máquina. Cuanto más perfeccionada está una administración, mayor es su capacidad para eliminar la arbitrariedad humana. En una administración perfecta en la que el hombre desempeña un papel de engranaje, la pereza, la deshonestidad, la injusticia no tienen ya razón de ser.

Pero, así como la máquina está hecha para gestionar una serie de movimientos previstos y ninguno más, así la administración tampoco crea. Se las arregla como puede. Aplica tal sanción a tal falta, tal solución a tal problema. Una administración no está concebida para resolver nuevos problemas. Si se introducen trozos de madera en una máquina de embutir, no saldrán muebles ya hechos. Sería, pues, preciso, para adaptar la máquina, que un hombre dispusiera del derecho de transformarla. Pero, en una administración concebida para salvar los inconvenientes de la arbitrariedad humana, los engranajes rechazan la intervención del hombre. Rechazan al relojero.

Desde noviembre formo parte del grupo 2/33. A mi llegada, mis compañeros me lo advirtieron:

—Te pasearás por Alemania sin ametralladoras ni mandos.

Luego, para consolarme:

—Tranquilo. No pierdes nada por eso. Los cazas te derriban siempre antes de que los hayas visto.

En mayo, seis meses más tarde, las ametralladoras y los mandos siguen congelados.

Recuerdo una fórmula tan antigua como mi país: «En Francia, cuando todo parece perdido, un milagro salva a Francia». Ahora entiendo por qué. A veces, ha ocurrido algún desastre que ha inutilizado la hermosa máquina administrativa, y, tras comprobar que esta no podía repararse, se la ha sustituido, a falta de otra mejor, por unos sencillos hombres. Y los hombres lo han salvado todo.

Cuando una bomba haya reducido a cenizas el Ministerio del Aire, se convocará con urgencia no importa a qué cabo y se le dirá:

—Queda usted encargado de descongelar los mandos. Tiene carta blanca. Apáñeselas como pueda. Pero, si en quince días siguen congelándose, irá usted a la cárcel.

Tal vez entonces los mandos se descongelarán.

Conozco cien ejemplos que ilustran esta tara. Los comités de requisamiento de un departamento del norte, por ejemplo, requisaron terneras preñadas y convirtieron así los mataderos en cementerios de fetos. Ningún engranaje de la máquina, ningún coronel del servicio de requisición estaba cualificado para ejercer más que como un engranaje. Obedecían todos a otro engranaje, como en un reloj. Cualquier rebeldía era inútil. Por ello, en cuanto esta máquina empezó a fallar, se usó alegremente para sacrificar terneras preñadas. Tal vez fuera un mal menor. Si la máquina se hubiera descompuesto aún más, podrían haber sacrificado a coroneles.

Me siento terriblemente desanimado ante esta degradación universal. Pero, como me parece inútil arriesgarme a que explote uno de mis motores, me apoyo con todas mis fuerzas otra vez contra la palanca de la izquierda. Siento tal hastío que me esfuerzo demasiado. Luego abandono. Ese esfuerzo me ha costado una nueva punzada en el corazón. Es evidente que el hombre no está hecho para hacer ejercicio físico a diez mil metros de altitud. Esa punzada es un dolor sordo, una especie de conciencia local extrañamente despertada en la noche de los órganos.

Los motores explotarán si quieren. Me importa muy poco. Me esfuerzo por respirar. Me parece que dejaría de respirar si me distrajera. Recuerdo los fuelles antiguos con los que se reanimaba el fuego. Reanimo mi fuego. Quisiera animarlo a «prender».

¿Qué cosa irreparable he dañado? A diez mil metros un esfuerzo físico un poco brusco puede producir un desgarro de los músculos del corazón. Es algo muy frágil un corazón. Tiene que servir mucho tiempo. Es absurdo comprometerlo para trabajos tan groseros. Es como si quemáramos diamantes para cocer una manzana.

XIII

Es como si se incendiaran todos los pueblos del norte sin que ello retrasase, a pesar de tanta destrucción, unas cuantas horas el avance alemán. Y, sin embargo, esa provisión de pueblos, esas iglesias antiguas, esas casas viejas, y todo su cargamento de recuerdos y sus hermosos parquets de nogal lustrado y la hermosa ropa de sus armarios y los encajes de sus ventanas, que habían servido hasta hoy sin deteriorarse, he aquí que desde Dunkerque hasta Alsacia veo que arden.

«Arder» es una gran palabra cuando uno mira desde diez mil metros, pues sobre los pueblos, como sobre los bosques, tan solo se ve una humareda inmóvil, una especie de helada blanquecina. El fuego no es más que una digestión secreta. A los diez mil metros el tiempo está como ralentizado, puesto que no hay movimiento alguno. Solo hay llamaradas crujientes, vigas que estallan, torbellinos de humo negro. Solo hay esa leche grisácea cuajada en el ámbar.

¿Vamos a curar este bosque? ¿Vamos a sanar este pueblo? Si uno lo observa desde donde yo estoy, el fuego roe con la lentitud de una enfermedad.

También aquí hay mucho que decir. «No perdonaremos a los pueblos». He oído esta frase. Y la frase era necesaria. En el transcurso de una guerra, un pueblo no significa un nudo de tradiciones. En manos del enemigo, solo es un nido de ratas. Todo cambia de sentido. Así, unos árboles de trescientos años cobijaban tu antigua casa familiar. Pero entorpecen el blanco de un teniente de veintidós años. Este envía, pues, una quincena de hombres para que aniquilen en tu casa la obra del tiempo. Deshacen, en una acción de diez minutos, trescientos años de paciencia y de sol, trescientos años de tradición religiosa de la casa y de noviazgos bajo las sombras del parque.

Tú le dices:

—¡Mis árboles!

No te oye; él hace la guerra. Tiene razón.

Pero entonces se incendian los pueblos para jugar a la guerra, lo mismo que se desmantelan los parques y se sacrifican las tripulaciones, lo mismo que se envía a la infantería contra los tanques. Y reina un inexpresable malestar. Pues nada sirve de nada.

El enemigo ha comprendido una evidencia y la explota. Los hombres ocupan poco lugar en la inmensidad de las tierras. Se necesitarían cien millones de soldados para levantar una muralla que lo rodeara todo. Y entre las tropas hay huecos. Estos huecos son anulados en principio por la movilidad de las tropas, pero, desde el punto de vista del vehículo blindado, un ejército enemigo poco motorizado está como inmovilizado. Los huecos constituyen, pues, verdaderas aberturas. De donde esta simple regla táctica: «La división blindada ha de actuar como el agua. Debe presionar ligeramente contra la pared del adversario y avanzar solamente donde no encuentra resistencia». Los tanques presionan de este modo contra la pared. Siempre hay huecos. Ellos siempre pasan.

Y estas incursiones de tanques que circulan fácilmente, al no haber otros tanques que se opongan a ellos, arrastran consigo consecuencias irreparables, aunque las destrucciones que causan sean en apariencia superficiales (tales como capturas de Estados Mayores locales, roturas de líneas telefónicas, incendios de pueblos). Han actuado como agentes químicos que destruyen, no el organismo, sino los nervios y los ganglios. Sobre el territorio, que han arrasado como un rayo, cualquier ejército, aunque aparezca casi intacto, ha perdido su carácter de ejército. Se ha transformado en grupos independientes. Allí donde existía un organismo, solo hay un conjunto de órganos, cuyas conexiones están rotas. Entre los grupos —por muy combativos que sean los hombres—, el enemigo avanza luego a su antojo. Un ejército deja de ser eficiente cuando no es más que un conjunto de soldados.

No se fabrica un material en quince días. Ni siquiera... La carrera armamentista no podía sino perderse. ¡Éramos cuarenta millones de agricultores frente a ochenta millones de industriales!

Oponemos al enemigo un hombre contra tres. Un avión contra diez o veinte y, después de Dunkerque, un tanque contra cien. No tenemos oportunidad de meditar sobre el pasado. Asistimos al presente. Y así es el presente. Ningún sacrificio, nunca, en ningún lado, es susceptible de retrasar el avance alemán.

Así, reina desde lo más alto hasta lo más bajo de las jerarquías civiles y militares, del fontanero al ministro, del soldado al general, una especie de malestar que no se sabe ni se atreve a formularse. El sacrificio pierde toda grandiosidad si tan solo es una parodia o un suicidio. Es hermoso sacrificarse: algunos mueren para que los otros se salven. Atizamos parte del fuego en el incendio. Se lucha hasta la muerte en el campo atrincherado, para dar tiempo a los salvadores. Sí, pero el fuego, haga uno lo que haga, se llevará a todas las partes. Pero no hay ningún campo donde atrincherarse. Pero no se puede esperar a los salvadores. Y parece que uno provoque el asesinato de aquellos por los que se combate, por aquellos por los que se pretende combatir, porque el avión, que aplasta las ciudades en la retaguardia de las tropas, ha cambiado la guerra.

Más adelante, oiré a algunos extranjeros reprochar a Francia los escasos puentes que no se volaron, los escasos pueblos que no se incendiaron y los hombres que no murieron. Pero es todo lo contrario, es exactamente lo contrario, lo que me llama tanto la atención. La inmensa buena voluntad que ponemos en taparnos los ojos y los oídos. Es nuestra lucha desesperada contra la evidencia. Aunque nada sirva de nada, igualmente volamos los puentes para jugar al juego. Quemamos pueblos reales para jugar al juego. Por ese juego, mueren nuestros hombres.

¡Claro que olvidamos algunos! Olvidamos algunos puentes, olvidamos algunos pueblos, dejamos vivir a algunos hombres. Pero el drama de esta derrota está en quitarles todo el significado a los actos. Quienquiera que haga volar un puente lo hará con asco. Ese soldado no retrasa al enemigo: crea un puente en ruinas. ¡Estropea su país para crear una hermosa caricatura de la guerra!

Para que los actos sean fervientes deben tener un significado. Es hermoso incendiar las cosechas que enterrarán al enemigo bajo sus cenizas. Pero el enemigo, respaldado por sus ciento sesenta divisiones, se burla de nuestros incendios y de nuestros muertos.

Es preciso que el significado del incendio del pueblo pueda equipararse al significado del propio pueblo. Y, por otra parte, el papel que desempeña el pueblo incendiado no es más que una caricatura de ese papel.

El significado de la muerte debe poder equiparse a la muerte. ¿Los hombres combaten bien o mal? ¡La pregunta en sí no tiene sentido! ¡En teoría, se cree que un pueblo puede resistir tres horas frente al ataque del enemigo. Los hombres, sin embargo, tienen orden de resistir. Sin medios para combatir, ellos mismos le piden al enemigo que destruya ese pueblo para que se respeten las reglas del juego de la guerra. Como el adversario amable en el ajedrez: «Te has olvidado de quedarte con mi peón...».

Se desafiará, pues, al enemigo:

—Nosotros somos los defensores de este pueblo. Vosotros, los asaltantes. ¡Adelante!

La cuestión está resuelta. Una escuadrilla aplasta un pueblo de un pisotón.

—¡Bien jugado!

Claro que hay hombres inertes, pero la inercia es una forma frustrada de desesperación. Claro que hay hombres que huyen. El mismo comandante Alias ha amenazado dos o tres veces con su revólver a personas harapientas y tristes, que se encontró en los caminos, y que contestaban a sus preguntas en un tono hostil. ¡Uno tiene tantas ganas de apresar al responsable de un desastre y suprimirlo, para así salvarlo todo! Los hombres que huyen son responsables de la huida, puesto que no habría huida sin hombres. De modo que, si uno apunta con su revólver, todo irá bien... Pero eso significaría enterrar a los enfermos para eliminar la enfermedad. Finalmente el comandante Alias guardaba de nuevo el revólver en el bolsillo, ese revólver que de pronto había tomado a sus propios ojos un aspecto tan pomposo como un sable de ópera cómica. Alias sentía que aquellos tristes soldados eran efectos del desastre y no las causas.

Alias sabe muy bien que esos hombres son los mismos, exactamente los mismos que aquellos que todavía hoy, en otras partes, aceptan morir. Ciento cincuenta mil, desde hace quince días, han aceptado. Pero hay cabezas duras que exigen que se les proporcione un buen pretexto.

Es difícil formularlo.

El corredor correrá la carrera de su vida contra otros corredores de su misma categoría. Pero, desde la salida, se da cuenta de que arrastra en el pie una cadena de presidiario. Sus competidores son tan ligeros que parecen que lleven alas. La lucha ya no significa nada. El hombre abandona.

—No vale la pena...

—¡Claro que sí!, ¡claro que sí...!

¿Qué podemos inventar para convencer a ese hombre a comprometerlo todo en una carrera que ya no es una carrera?

Alias sabe muy bien cómo piensan los soldados. Ellos también piensan: «No vale la pena...».

Alias guarda su revólver y busca una buena respuesta.

Solo hay una buena respuesta. Una sola. Desafío a cualquiera a que encuentre otra.

—Su muerte no cambiará nada. Se ha consumado la derrota. Pero resulta conveniente que una derrota se haga visible por medio de muertos. Tiene que ser un duelo. Usted está de servicio para desempeñar ese papel.

—Bien, mi comandante.

Alias no desprecia a los que huyen. Sabe demasiado bien que su buena respuesta siempre ha sido suficiente. Él mismo acepta la muerte. Todas sus tripulaciones aceptan la muerte. También a nosotros nos ha bastado esa buena respuesta apenas disfrazada.

—Es muy desagradable... Pero al Estado Mayor le interesa mucho. Así es...

—Bien, mi comandante.

Creo que aquellos que están muertos sirven simplemente de garantía a los demás.

XIV

He envejecido tanto que lo he dejado todo atrás. Miro por la gran placa reverberante de mi vitrina. Ahí abajo están los hombres. Unos microorganismos sobre una lámina de microscopio. ¿Puede uno interesarse por los dramas de familia de los microorganismos?

Si no fuera por este dolor en el corazón que parece que está vivo, me hundiría en sueños vagos, como un viejo tirano. Hace diez minutos inventaba este cuento de figurantes. Era falso hasta el punto de dar náuseas. Cuando entreví a los cazas, ¿pensé acaso en suspiros tiernos? Pensé en avispas punzantes. Eso sí. Esas porquerías eran minúsculas.

¡Cómo he podido inventar, sin sentirme asqueado, esa imagen de traje de cola! ¡No he pensado en un traje de cola por la sencilla razón de que nunca he visto mi propia estela! Desde esta carlinga donde estoy encerrado como una pipa en su estuche, me es imposible observar nada detrás de mí. Miro hacia atrás a través de los ojos de mi artillero. ¡Y aun así! ¡Siempre y cuando los laringófonos no estén averiados! Y mi artillero nunca me ha dicho:

«Aquí vienen unos pretendientes enamorados de nosotros, que siguen nuestro traje de cola...».

Aquí, solo hay escepticismo y malabarismo. Claro que me gustaría creer, me gustaría luchar, me gustaría vencer. Pero, aunque uno pueda fingir que lucha, que vence incendiando sus propios pueblos, es muy difícil sentirse exaltado por ello.

Es difícil existir. El hombre es únicamente un nudo de relaciones, y mis vínculos ya no valen gran cosa.

¿Qué hay en mí que no funciona? ¿Cuál es el secreto de los intercambios? ¿Por qué, en otras circunstancias, lo que ahora me resulta abstracto y lejano puede trastornarme? ¿Por qué una palabra, un gesto pueden dar vueltas hasta el infinito alrededor de un destino? ¿Por qué, si soy Pasteur, el juego de los microorganismos puede parecerme patético hasta el punto de que una lámina de microscopio se me aparezca como un territorio más vasto que una selva virgen, y me permita vivir, inclinado sobre ella, la forma más elevada de aventura?

Por qué este punto negro que es la casa de un hombre allí abajo...

... Y me vuelve un recuerdo.

Cuando era niño... me remonto lejos en mi infancia. ¡La infancia, ese gran territorio del que cada uno de nosotros ha salido! ¿De dónde soy? Soy de mi infancia. Soy de mi infancia como de un país... Bueno pues, cuando era niño, una noche viví una curiosa experiencia.

Tenía cinco o seis años. Eran las ocho de la noche. Las ocho, hora en que los niños deben dormir, sobre todo en invierno, pues es de noche. Sin embargo, se habían olvidado de mí.

Y en la planta baja de aquella gran casa de campo había un vestíbulo que me parecía inmenso, el cual daba a la sala, siempre cálida, en la que los niños cenábamos. Siempre me había dado miedo aquel vestíbulo, tal vez por aquella lámpara de luz débil que, hacia el centro, apenas lo sacaba de su penumbra y que parecía más una señal que una lámpara, tal vez debido a aquellos altos zócalos de madera que crujían en silencio, a causa también del frío. Pues se desembocaba allí, viniendo de piezas luminosas y calientes, como en una oscura y fría caverna.

Pero aquella noche, viendo que me habían olvidado, cedí al demonio del mal, me puse de puntillas hasta alcanzar el picaporte de la puerta, la empujé con suavidad, desemboqué en el vestíbulo y me fui, fraudulentamente, a explorar el mundo.

El crujido de la madera, sin embargo, me pareció un aviso de la cólera celestial. Entreveía vagamente en la penumbra grandes paneles que me lanzaban reproches. No me atreví a continuar, así que, como pude, ascendí hasta lo alto de un aparador, y, con la espalda apoyada en el muro, me quedé allí, con las piernas colgando y el corazón desbocado, como hacen todos los náufragos, sobre un arrecife en pleno mar.

Entonces se abrió la puerta de un salón, y dos de mis tíos, que me inspiraban un terror sagrado, tras cerrar la puerta que daba al ruido y a las luces, empezaron a deambular por el vestíbulo.

Yo temblaba ante la idea de ser descubierto. Uno de ellos, Hubert, era para mí la viva imagen de la severidad. Un delegado de la justicia divina. Aquel hombre, que jamás había pegado a un niño, me repetía frunciendo sus terribles cejas ante cada uno de mis crímenes: «La próxima vez que vaya a América traeré una máquina de dar azotes. Todo está muy perfeccionado en América. Por eso los niños de allí se portan tan bien. Y eso supone una gran tranquilidad para los padres».

A mí no me gustaba América.

Así que caminaban sin verme, de arriba abajo, a lo largo de aquel vestíbulo glacial e interminable. Yo los seguía con los ojos y con los oídos, conteniendo la respiración, mareado. «La época actual...», decían. Y se alejaban, con su secreto para personas mayores, y yo me repetía: «La época actual...». Luego volvían como una marea que hubiera de nuevo arrastrado hacia mí sus indescifrables tesoros. «Es insensato —decía el uno al otro—, es absolutamente insensato...». Yo recogía la frase como si fuera un objeto extraordinario. Y la repetía lentamente para probar el poder de esas palabras sobre mi conciencia de cinco años: «Es insensato, es absolutamente insensato...».

Así que la marea alejaba a mis tíos, y la marea los devolvía. Este fenómeno, que me abría sobre la vida unas perspectivas aún poco claras, se reproducía con una regularidad estelar, como un fenómeno de gravitación. Yo estaba bloqueado sobre el aparador para toda la eternidad, oyente clandestino de un conciliábulo solemne, durante el cual mis dos tíos, que lo sabían todo, colaboraban en la creación del mundo. La casa podía aguantar aún mil años; dos tíos, durante mil años, paseando a lo largo del vestíbulo con la lentitud de un péndulo de reloj, seguían dándole sabor de eternidad.

Ese punto que estoy mirando es sin duda la casa de un hombre a diez kilómetros por debajo de mí. Y yo no recibo nada de ella. Sin embargo, tal vez se trate de una gran casa de campo, donde dos tíos se pasean de arriba abajo y construyen lentamente, en la conciencia de un niño, algo tan fabuloso como la inmensidad de los mares.

Descubro, desde mis diez mil metros, un territorio de la amplitud de una provincia, y sin embargo todo se ha empequeñecido hasta asfixiarme. Dispongo aquí de menos espacio del que disponía en aquel grano negro.

He perdido la sensación de inmensidad. Estoy ciego ante la inmensidad. Pero es como si tuviera sed de ella, y me parece encontrar aquí un denominador común de todas las aspiraciones de todos los hombres.

Cuando una casualidad despierta el amor, todo se ordena en el hombre según ese amor, que le aporta una sensación de inmensidad. Cuando yo vivía en el Sáhara, si unos árabes, surgiendo de noche en torno a nuestros fuegos, nos advertían de amenazas lejanas, el desierto se concretaba y empezaba a tener sentido. Aquellos mensajeros habían construido su inmensidad. Lo mismo ocurre con la música cuando es hermosa, también con un simple olor de armario viejo, cuando despierta y anuda los recuerdos. Lo patético es la sensación de inmensidad.

Pero también sé que nada de lo que concierne al hombre se cuenta ni se mide. La verdadera inmensidad no es para el ojo, solo se concede al espíritu. El lenguaje vale lo que vale porque es el que anuda las cosas.

Me parece que en adelante podré entrever mejor qué es una civilización. Una civilización es una herencia de creencias, de costumbres y de conocimientos lentamente adquiridos a través de los siglos, difíciles a veces de justificar mediante la lógica, pero que se justifican ellos mismos como caminos si conducen a alguna parte, puesto que abren al hombre su inmensidad interior.

Una mala literatura nos ha hablado de la necesidad de la evasión. Cierto que uno huye de viaje en busca de espacio. Pero el espacio no se encuentra. Se funde. Y la evasión nunca ha conducido a ninguna parte.

Cuando el hombre necesita, para sentirse hombre, participar en carreras, cantar en coros, o hacer la guerra son vínculos que se impone a fin de conectar con los demás y con el mundo. Pero ¡qué vínculos tan pobres! Si una civilización es fuerte, satisface al hombre, aunque este permanezca inmóvil.

En un pueblecito, silencioso, bajo la luz grisácea de

un día lluvioso, veo a una enferma enclaustrada que medita apoyada junto a la ventana. ¿Quién es? ¿Qué han hecho de ella? Yo juzgaría la civilización de ese pueblecito por la densidad de esa presencia. ¿Qué valemos cuando estamos inmóviles?

En el dominico que reza hay una densa presencia. Ese hombre nunca es tan hombre como cuando está prosternado e inmóvil. En el Pasteur que contiene el aliento sobre su microscopio hay una densa presencia. Pasteur nunca es tan hombre como cuando observa. Entonces progresa. Entonces se da prisa. Entonces avanza a paso de gigante, aunque esté inmóvil, y descubre el espacio. Así Cézanne, inmóvil y mudo frente a su esbozo, tiene una presencia inestimable. Nunca es tan hombre como cuando se calla, experimenta y juzga. Entonces su tela es para él más vasta que el mar.

Inmensidad concedida por la casa de mi infancia, inmensidad concedida por mi habitación de Orconte, inmensidad concedida por Pasteur en el campo del microscopio, inmensidad abierta por el poema, tantos bienes frágiles y maravillosos que solo una civilización distribuye, pues la inmensidad es para el espíritu, no para los ojos, y no hay inmensidad sin lenguaje.

Pero ¿cómo reanimar el sentido de mi lenguaje a la hora en que todo se confunde? En que los árboles del parque son a la vez navío para las generaciones de una familia y simple pantalla que incomoda al artillero, en que la prensa de los bombarderos que destruye las cuidades ha hecho correr a un pueblo entero por las carreteras como si fuera un zumo negruzco, en que toda Francia muestra el desorden sórdido de un hormiguero destripado, en que se lucha, no contra un adversario tangible, sino contra balancines que se congelan, palancas que se agarrotan, pernos que fallan...

—¡Puede descender!

Puedo descender. Descenderé. Volaré sobre Arrás a poca altitud. Tengo mil años de civilización detrás de mí para ayudarme. Pero no me ayudan. Sin duda, no es la hora de las recompensas.

A ochocientos kilómetros por hora y a tres mil quinientas treinta revoluciones por minuto pierdo altitud.

He dejado, al virar, un sol polar exageradamente rojo. Ante mí, a cinco o seis kilómetros por debajo, veo un banco de nubes de frente rectilínea. Una parte de Francia está sepultada bajo su sombra. Arrás también se halla bajo su sombra. Me imagino que bajo mi banco de nubes todo está ennegrecido. Se trata del vientre de una gran sopera donde la guerra bulle lentamente. Atascos en las carreteras, incendios, materiales dispersos, ciudades destruidas, confusión, una enorme confusión. Se agitan en el absurdo, bajo su nube, como cochinillas bajo sus piedras.

Este descenso se parece a una ruina. Tendremos que

chapotear en su barro. Volvemos a una especie de barbarie que se deteriora cada vez más. ¡Todo se descompone allí abajo! Somos semejantes a unos viajeros ricos que, habiendo vivido durante mucho tiempo en países de coral y de palmeras, vuelven, una vez arruinados, a compartir, en la mediocridad natal, los platos grasientos de una familia ávara, la acidez de las rencillas domésticas, los alguaciles, la mala conciencia que provocan las preocupaciones económicas, las falsas esperanzas, los desahucios vergonzosos, las arrogancias del hotelero, la miseria y la muerte maloliente en el hospital. ¡Al menos aquí la muerte es limpia! Una muerte de hielo y de fuego, de sol, de cielo, de hielo y de fuego. Pero, allí abajo, ¡se trata de ser digeridos por la arcilla!

XV

—Rumbo sur, capitán. ¡Sería mejor establecer nuestra altitud en zona francesa!

Mirando esas carreteras negras que ya puedo ver, comprendo la paz. En la paz, todo está bien encerrado en sí mismo. Por la noche los campesinos regresan a sus pueblos. Vuelven los granos a los graneros. Y se ordena en los armarios la ropa blanca, bien doblada. En las horas de paz se sabe dónde encontrar cada objeto. Se sabe dónde encontrar a cada amigo. Se sabe también dónde dormiremos por la noche. ¡Ah!, la paz se muere cuando el cañamazo se deteriora, cuando ya no se tiene lugar en el mundo, cuando ya no se sabe dónde encontrar al que se ama, cuando el marido que está en el mar no ha regresado.

La paz es la lectura de una imagen que se muestra a través de las cosas cuando estas han recibido su sentido y su lugar. Cuando forman parte de algo mayor que ellas, como los minerales diversos de la tierra una vez que están anudados dentro del árbol.

Pero hay guerra.

Sobrevuelo, pues, carreteras ennegrecidas por el interminable jarabe que no cesa de circular. Dicen que evacúan las poblaciones. Ya no es cierto. Se evacúan ellas mismas. En este éxodo hay una locura contagiosa. Pues ¿adónde van esos vagabundos? Se ponen en marcha hacia el sur como si allí abajo hubiera alojamientos y alimentos, como si hubiera ternura para acogerlos. Pero en el sur no hay más que ciudades llenas a reventar, donde se duerme en los hangares y donde las provisiones se terminan, donde los más generosos se vuelven agresivos a causa de lo absurdo de esta invasión que, poco a poco, con la lentitud de un río de barro, se los traga. ¡Una sola provincia no puede ni albergar ni mantener a toda Francia!

¿Adónde van? ¡No lo saben! Marchan hacia escalas fantasmas, pues apenas esta caravana aborda un oasis, ya no hay oasis. Cada oasis se resquebraja a su vez y a su vez se vierte en la caravana. Y, si la caravana llega a un verdadero pueblo que finge seguir vivo, agota, desde la primera noche, toda su sustancia. Lo limpian como los gusanos limpian un hueso.

El enemigo avanza más rápido que el éxodo. Coches blindados atraviesan en ciertos puntos el río, que entonces se atasca y refluye. Hay divisiones alemanas que chapotean en ese caldo, y se da la sorprendente paradoja de que, en algunos puntos, aquellos mismos que mataban en otro lugar dan de beber.

En el transcurso de la retirada, acantonamos en una

decena de pueblos sucesivos. Nos introducimos entre la turba lenta que lentamente atravesaba aquellos pueblos.

—¿Adónde va usted?

—No lo sabemos.

Nunca sabían nada. Nadie sabía nada. Evacuaban. Ningún refugio estaba ya disponible. Ningún camino era ya transitable. Pero evacuaban igualmente. En el norte, habían dado un gran puntapié al hormiguero y las hormigas se marchaban. Laboriosamente. Sin pánico. Sin esperanza. Sin desesperanza. Como si ese fuese su deber.

—¿Quién les ha dado la orden de evacuar?

Siempre era el alcalde, el maestro o el teniente de alcalde. Una mañana a eso de las tres, la consigna había de pronto trastornado el pueblo:

—Evacuamos.

Ya lo esperaban. Hacía quince días que veían pasar refugiados, que renunciaban a creer en la eternidad de sus casas. El hombre, sin embargo, hacía ya tiempo que había dejado de ser nómada. Construía pueblos que duraban siglos. Pulía muebles que servían para sus tataranietos. La casa familiar los recibía al nacer y los acogía hasta la muerte. Luego, como un buen navío, de una ribera a la otra, hacía a su vez pasar a su hijo. Pero ¡se había acabado el vivir en una casa! ¡Ahora tocaba marcharse, sin siquiera saber por qué!

XVI

¡Qué dura es nuestra experiencia en la carretera! Nuestra misión a veces consiste en echar una ojeada, durante una misma mañana, sobre Alsacia, Bélgica, Holanda, el norte de Francia y el mar. Pero la mayoría de nuestros problemas son terrestres, y nuestro horizonte, las más de las veces, se achica hasta limitarse al atasco de un callejón. Así, hace apenas tres días, Dutertre y yo vimos cómo se rendía el pueblo en el que vivíamos.

Probablemente nunca podré librarme de ese recuerdo viscoso. Hacia las seis de la mañana Dutertre y yo tropezamos, al salir de casa, con un desorden indescriptible. Todos los garajes, todos los hangares, todas las granjas han vomitado en las calles estrechas los artilugios más dispares, los coches nuevos y los viejos carros que desde hace cincuenta años dormían, obsoletos, en el polvo, las carretas de heno y los camiones, los autobuses y los volquetes. ¡Si uno buscara bien, encontraría en esa feria hasta diligencias! Todas las cajas montadas sobre ruedas han sido exhumadas. En su interior, se vierten los tesoros de las casas. Y luego los llevan, hechos un revoltijo, hacia los coches, en sábanas agujereadas como si tuviesen hernias. Y ya no se parecen a nada.

Componían el semblante de la casa. Eran los objetos de un culto de religiones particulares. Cada uno en su lugar se había hecho necesario por las costumbres, embellecido por los recuerdos, eran valiosos para la patria íntima que contribuyeron a fundar. Pero, de pronto, creyeron que eran valiosos por sí mismos, así que los han arrancado de su chimenea, de su mesa, de su pared, los han amontonado de cualquier manera y ya solo son objetos de bazar que muestran su deterioro. ¡Las reliquias piadosas, amontonadas, producen náuseas!

Ante nosotros algo se está descomponiendo.

—Pero ¡están todos locos aquí! ¿Qué, qué pasa?

La patrona del café donde vamos se encoge de hombros.

—Están evacuando.

—¡Por qué, Santo Dios!

—No lo sabemos. Lo ha ordenado el alcalde.

Está muy ocupada. Se mete en la escalera. Dutertre y yo contemplamos la calle. Dentro de los camiones, de los coches, de las carretas y los carromatos, hay una amalgama de niños, de colchones y de utensilios de cocina.

Los coches viejos, sobre todo, dan pena. Un caballo bien aplomado entre las varas de una carreta da una sensación de salud. Un caballo no necesita piezas de recambio. Una carreta se repara con tres clavos. Pero ¡todos esos vestigios de una era mecánica! Ese conjunto de pistones, válvulas, bobinas y engranajes, ¡hasta cuándo funcionarán!

—... Capitán... ¿no podría ayudarme?

—Claro que sí. ¿A qué?

—A sacar mi coche de la granja.

La miro estupefacto.

—Usted... ¿usted no sabe conducir?

—¡Oh...! Una vez en la carretera todo irá bien... es más fácil...

Se trata de ella, la cuñada y los siete niños...

¡En la carretera! ¡En la carretera avanzará veinte kilómetros diarios por etapas de doscientos metros! Cada doscientos metros tendrá que frenar, parar, desembragar, embragar, cambiar de marcha en la confusión de un atasco caótico. ¡Lo romperá todo! ¡Y le faltará gasolina! ¡Y aceite! ¡Y hasta el agua, de la que se olvidará!

—Cuidado con el agua. Su radiador pierde como un cesto...

—¡Ah!, el coche es nuevo...

—¡Tendrá que conducir ocho días...! ¿Cómo podrá hacerlo?

—No sé...

Antes de diez kilómetros ya habrá chocado con tres coches, habrá clavado el embrague, los neumáticos habrán reventado. Entonces ella, la cuñada y los siete niños empezarán a llorar. Entonces ella, la cuñada y los siete niños, metidos de lleno en problemas que los sobrepasarán, renunciarán a tomar cualquier decisión y se sentarán al borde de la carretera, para esperar a un pastor. Pero los pastores...

Pero ¡no hay ni un solo pastor! Dutertre y yo somos

testigos de las iniciativas de las ovejas. Y esas ovejas se van en una formidable algazara de material mecánico. Tres mil pistones. Seis mil válvulas. Todo ese material rechina, raspa y choca. El agua hierve en algún radiador. Así es como empieza a ponerse en marcha, laboriosamente, esta caravana condenada. Esta caravana sin piezas de recambio, sin neumáticos, sin gasolina, sin mecánicos. ¡Es demencial!

—¡No podría usted quedarse en su casa!

—¡Ah, claro que preferiría quedarme en casa!

—Entonces ¿por qué marcharse?

—Nos lo han dicho...

—¿Quién se lo ha dicho?

—El alcalde...

Siempre el alcalde.

—¡Seguro que todos preferiríamos quedarnos en casa!

Es cierto. No se respira aquí una atmósfera de pánico, sino una atmósfera de obligación ciega. Dutertre y yo aprovechamos para sacudir a algunos:

—Lo que deberían hacer es descargar todo esto. Al menos podrán ustedes beber el agua de sus fuentes...

—¡Eso deberíamos hacer...!

—Pero ¡si son libres!

Hemos ganado la partida. Se ha formado un grupo. Nos escuchan. Inclinan la cabeza una y otra vez para asentir.

—¡... el capitán tiene razón!

Tengo discípulos que me relevan. He convertido a un peón caminero, que se enardece más que yo:

—¡... Siempre lo he dicho! Una vez en la carretera comeremos piedras.

Discuten. Están de acuerdo. Se quedarán. Algunos se alejan para predicar a otros. Pero de pronto vuelven descorazonados.

—Esto no va bien. Nos vemos obligados a marcharnos también.

—¿Por qué?

—El panadero se ha ido. ¿Quién hará el pan?

El pueblo ya se ha disuelto. Ha reventado por uno u otro lado. Todo se vaciará por el mismo agujero. No hay esperanza.

Dutertre tiene su opinión al respecto.

—El drama es que se ha hecho creer a los hombres que esta guerra era distinta a las otras. Antes se quedaban en casa. La guerra y la vida se entremezclaban...

La patrona reaparece. Arrastra un saco.

—Despegamos dentro de tres cuartos de hora... ¿Tendría usted un poco más de café?

—¡Ah, mis pobres muchachos...!

Se enjuga los ojos. No llora por nosotros. Llora ya de agotamiento. Ya se siente engullida por el desquiciamiento de una caravana que en cada kilómetro se descompondrá un poco más.

Más lejos, por los campos, los cazas enemigos, que vuelan bajo, escupirán una ráfaga de ametralladoras sobre ese lamentable rebaño. Pero lo más extraño es que normalmente no insisten. Algunos coches se incendian, pero pocos. Y hay pocos muertos. Es una especie de gesto generoso, algo parecido a un consejo. O el gesto de un perro que muerde el corvejón para acelerar la marcha del rebaño. Aquí, para sembrar el desorden. Pero entonces ¿por qué esas acciones locales esporádicas que apenas cuentan? El enemigo no se molesta demasiado en desorganizar la caravana. También es verdad que esta no necesita de él para descomponerse. La máquina se descompone de forma espontánea. La máquina está concebida para una sociedad apacible que dispone de todo el tiempo del mundo. La máquina, cuando el hombre ya no está ahí para arreglarla, organizarla y pintarla, envejece a una velocidad vertiginosa. Esta noche parecerá que estos coches tienen miles de años.

Me da la sensación de estar asistiendo a la agonía de la máquina.

Aquel azota a su caballo con la majestad de un rey. Preside, satisfecho, desde su trono. Me imagino, por otra parte, que ha bebido un poco.

—¡Parece usted contento!

—¡Es el fin del mundo!

Experimento un sordo malestar al darme cuenta de que todos esos trabajadores, toda esa pobre gente, con sus funciones tan bien definidas, con sus cualidades tan diversas y valiosas, no serán más que parásitos y miseria esta noche.

Van a extenderse sobre los campos y devorarlos.

—¿Quién los alimentará?

—No se sabe...

¿Cómo abastecer a millones de emigrantes perdidos a

lo largo de los caminos por donde circulan a una velocidad de cinco a veinte kilómetros por día? ¡Si hubiera suministros, sería imposible llevarlos hasta ellos!

Esa mezcla de humanidad y de chatarra me recuerda el desierto de Libia. Prévot y yo vivíamos en un paisaje inhabitable, vestido de piedras negras que brillaban al sol, un paisaje tapizado con una corteza de hierro...

Y contemplo este espectáculo con una especie de desesperación: un vuelo de langostas, que se abate sobre piedras, ¿vive acaso mucho tiempo?

—¿Y esperarán ustedes que llueva para beber?

—No lo sabemos...

Desde hace diez días, refugiados del norte han atravesado su pueblo incansablemente. Durante diez días han asistido a ese éxodo interminable. Su turno ha llegado. Ocupan su puesto en la procesión. ¡Oh!, sin ninguna esperanza.

—Yo preferiría morir en mi casa.

—Todos preferiríamos morir en casa.

Y es cierto. El pueblo entero se desmorona como un castillo de arena, cuando nadie deseaba marcharse.

Si Francia hubiera podido abastecerlos, habrían sido incapaces de llevar esas vituallas debido al atasco de las carreteras. Se puede, en rigor, a pesar de los coches averiados, los coches apilados unos sobre otros, los nudos inextricables de los callejones, descender con la ola, pero ¿cómo remontarla?

—Ya no hay provisiones —me dijo Dutertre—, eso lo arregla todo...

Corre el rumor de que desde ayer el Gobierno ha prohibido las evacuaciones de los pueblos. Pero las órdenes se propagan Dios sabe cómo, pues ya no se puede circular por la carretera. En cuanto a las líneas telefónicas, están colapsadas, cortadas o bajo sospecha. Y, además, no se trata de dar órdenes. Se trata de reinventar una moral. Desde hace miles de años, se ha enseñado a los hombres que las mujeres y los niños deben ser sustraídos a la guerra. La guerra corresponde a los hombres. Los alcaldes conocen muy bien esta ley, y los tenientes de alcalde y los maestros. De pronto reciben la orden de prohibir las evacuaciones, es decir de obligar a las mujeres y a los niños a permanecer bajo los bombardeos. Necesitarían un mes para reajustar su conciencia a estos nuevos tiempos. No se derriba de un golpe todo un sistema de pensamiento. Y el enemigo avanza. Por eso los alcaldes, los tenientes de alcalde, los maestros echan a sus pueblos a las carreteras. ¿Qué hay que hacer? ¿Cuál es la verdad? Y se van esas ovejas sin pastor.

—¿Hay algún médico aquí?
—¿No es usted del pueblo?
—No. Nosotros venimos de más al norte.
—¿Por qué necesita a un médico?
—Es que mi mujer va a dar luz en la carreta...

Entre las baterías de cocina, en el desierto de esa chatarra universal, como sobre espinas.

—¿No podía usted haberlo previsto?
—Hace cuatro días que estamos de viaje.

Pues la carretera es un río imperioso. ¿Dónde pararse? Los pueblos, que barre uno tras otro, se vacían por sí mismos como si a su vez reventaran en el sumidero común.

—No, no hay ningún médico. El del grupo está a veinte kilómetros.

—Ah, bueno.

El hombre se enjuga la cara. Todo se descompone. Su mujer da a luz en medio de la calle, entre las baterías de cocina. Nada de todo esto es cruel. Es primero y ante todo monstruosamente ajeno a todo lo humano. Nadie se queja, las quejas no tienen ya sentido. Su mujer va a morir, y él no se queja. Así es. Se trata de un mal sueño.

—Si al menos pudiera uno pararse en alguna parte...

Encontrar en alguna parte un verdadero pueblo, una verdadera hostería, un verdadero hospital... pero están evacuándose también los hospitales. ¡Dios sabe por qué! Es una regla del juego. No hay tiempo para reinventar reglas. Encontrar en algún lado una verdadera muerte. Hay cuerpos que se deterioran como los automóviles.

Y siento, por todas partes, una urgencia desgastada, una urgencia que ha renunciado a la urgencia. Se huye a una velocidad de cinco kilómetros por día de los tanques que avanzan a campo traviesa a más de cien kilómetros, y de aviones que se desplazan a seiscientos kilómetros por hora. Así se desparrama el jarabe cuando la botella se vuelca. La mujer de ese alumbra, pero él dispone de un tiempo desmesurado. Es urgente. Y ya no lo es. Está suspendido en un equilibrio inestable entre la urgencia y la eternidad.

Todo se ha ralentizado, como los reflejos de un moribundo. Se trata de un inmenso rebaño que patalea, extenuado, ante el matadero. ¿Son cinco, diez millones entregados al empedrado de los caminos? Es un pueblo que patalea de cansancio y de hastío en el umbral de la eternidad.

Y realmente no puedo concebir cómo se las arreglarán para sobrevivir. El hombre no se alimenta con ramas de árbol. Ellos lo intuyen, pero apenas se asustan. Los han arrancado de su ambiente, de su trabajo, de sus deberes, y así han perdido todo significado. Su propia identidad se ha desgastado. Ya apenas si son ellos mismos. Apenas existen. Más tarde se inventarán sus sufrimientos, pero sufren sobre todo a causa de sus riñones doloridos por el exceso de bultos que tienen que acarrear, por los muchos nudos que se han desatado provocando así que las sábanas se vaciasen de sus tripas, por la cantidad de coches que ha habido que empujar para ponerlos en marcha.

Ni una palabra sobre la derrota. Es evidente. No se siente la necesidad de comentar lo que constituye la sustancia de uno. Ellos «son» la derrota.

Tengo la visión repentina, aguda, de una Francia que está perdiendo sus entrañas. Habría que suturar enseguida. No hay un segundo que perder: están condenados...

Ya empieza. Ya están asfixiados como peces fuera del agua.

—¿Aquí no hay leche?

¡Es una pregunta para morirse de risa!

—Mi pequeño no ha bebido nada desde ayer...

Se trata de un bebé de seis meses que aún hace mucho ruido. Pero ese ruido no durará: los peces fuera del agua... Aquí no hay leche. Aquí solo hay chatarra. Aquí solo hay una enorme cantidad de chatarra inútil que, descomponiéndose a cada kilómetro, perdiendo sus tuercas, sus tornillos, sus chapas de hierro, arrastra a ese pueblo, en un éxodo prodigiosamente inútil, hacia la nada.

Se extiende el rumor de que unos aviones están bombardeando la carretera a pocos kilómetros hacia el sur. Incluso se habla de bombas. Oímos, en efecto, unas explosiones sordas. Sin duda el rumor es cierto.

Pero la multitud no se asusta. Incluso me parece que se reanima un poco. Ese peligro real le parece más sensato que ser absorbida por la chatarra.

¡Ah, el esquema que elaborarán más adelante los historiadores! ¡Los ejes que se inventarán para dar un significado a este hervidero! Tomarán la palabra de un ministro, la decisión de un general, la discusión de una comisión, y, a partir de ese desfile de fantasmas, entablarán conversaciones históricas con responsabilidades y visiones lejanas. Inventarán aceptaciones, resistencias, alegatos dignos de Corneille, cobardías. Sé muy bien lo que es un Ministerio evacuado. La casualidad me ha permitido visitar uno de ellos. Y enseguida comprendí que un gobierno que se ha trasladado ya no constituye un gobierno. Es como un cuerpo. Si uno empieza a descomponerlo también —el estómago allí, el hígado aquí, las tripas más allá—, esa colección de órganos ya no constituye un organismo. He vivido veinte minutos en el Ministerio del Aire. ¡Pues bien, un ministro ejerce una acción sobre el alguacil! Una acción milagrosa. Porque existe aún un timbre que conecta al ministro con el alguacil. Un timbre intacto. El ministro aprieta un botón y el alguacil aparece.

¡Eso es todo un éxito!

—¡Mi coche! —pide el ministro.

Ahí se acaba su autoridad. Se limita a dar una orden al alguacil. Pero este ignora si existe sobre la tierra un automóvil de ministro. Ningún cable eléctrico conecta al alguacil con ningún chófer de automóvil. El chófer se ha perdido en alguna parte del universo. ¿Acaso aquellos que gobiernan saben algo sobre la guerra? Necesitaríamos, en este momento, ocho días —ya que las comunicaciones son imposibles— para llevar a cabo un bombardeo sobre una división blindada que hubiésemos encontrado. ¿Qué noticias de este país que se destripa pueden llegar hasta un gobernante? Las noticias progresan a una velocidad de veinte kilómetros por día. Las líneas telefónicas están colapsadas o destruidas y no pueden transmitir, en toda su magnitud, al Ser que actualmente se descompone. El Gobierno flota en el vacío: un vacío polar. De vez en cuando llegan llamadas de una urgencia desesperada, pero abstractas, reducidas a tres líneas. ¿Cómo podrían los responsables saber si diez millones de franceses no están ya muertos de hambre? Y esta llamada de diez millones de hombres cabe en una frase. Basta una frase para decir:

—Vaya a las cuatro a casa de X.

O:

—Dicen que diez millones de hombres han muerto.

O:

—Blois está ardiendo.

O:

—Han encontrado a su chófer.

Todo esto en un mismo plano. De golpe. Diez millones de hombres. El coche. El ejército del Este. La Civilización Occidental. Han encontrado al chófer. Inglaterra. El pan. ¿Qué hora es?

Le doy siete letras. Son siete letras de la Biblia. ¡Reconstrúyame la Biblia con eso!

Los historiadores se olvidarán de lo real. Inventarán seres pensantes conectados por fibras misteriosas a un universo expresable, disponiendo de sólidas visiones de conjunto y sopesando graves decisiones según las cuatro reglas de la lógica cartesiana. Distinguirán las potencias del bien de las potencias del mal. Los héroes, de los traidores. Pero yo haré una sencilla pregunta:

—Para traicionar es preciso ser responsable de alguna cosa, gestionar alguna cosa, actuar sobre alguna cosa, conocer alguna cosa. Lo que equivaldría hoy a tener ingenio. ¿Por qué no condecoran a los traidores?

Ya se muestra la paz un poco por todas partes. No es una de esas paces bien dibujadas, que suceden, como etapas nuevas de la historia, a guerras claramente resueltas por tratado. Se trata de un periodo sin nombre que es el fin de todo. Un final que nunca terminará. Se trata de un pantano en el que se hunde poco a poco cualquier ímpetu. No se presiente un final bueno o malo. Al contrario. Se entra poco a poco en la podredumbre de algo provisional que se parece a la eternidad. No se decidirá nada, pues ya no hay ningún nudo por el que agarrar al país, como uno agarraría por el pelo a una mujer que se está ahogando. Todo se ha deshecho. Y el esfuerzo más patético solo trae un mechón de pelo. La paz que viene no es el fruto de una decisión tomada por el hombre. Gana terreno como la lepra.

Ahí, debajo de mí, sobre esas carreteras donde la caravana se descompone, donde los blindados alemanes matan o dan de beber, ocurre como en los territorios fangosos en los que la tierra y el agua se confunden. La paz, que ya se mezcla con la guerra, pudre la guerra.

Uno de mis amigos, Léon Werth, oyó, yendo por la carretera, una frase inmensa que algún día contará en un gran libro. A la izquierda de la carretera están los alemanes; a la derecha, los franceses. Entre los dos, el torbellino lento del éxodo. Centenares de mujeres y niños que se deshacen como pueden de sus coches incendiados. Y como un teniente de artillería, que se encuentra sin querer atrapado en el atasco, intenta poner una pieza del setenta y cinco en una batería que el enemigo tirotea —y como el enemigo falla la pieza, pero barre la carretera—, algunas madres se dirigen hacia ese teniente que, chorreando de sudor y obstinado en su incomprensible deber, se empeña en salvar una posición que no aguantará más de veinte minutos (¡son doce hombres los que están allí!).

—¡Váyanse! ¡Váyanse! ¡Cobardes!

El teniente y los hombres se van. Por todas partes se encuentran con esos problemas que crea la paz. Por supuesto, los niños no deben ser masacrados en la carretera. Y, sin embargo, cada soldado que dispara debe hacerlo en la espalda de un niño. Cada camión que avanza, o que intenta avanzar, corre el riesgo de condenar a un pueblo. Pues, avanzando contra la corriente humana, atasca inexorablemente una carretera entera.

—¿Está usted loco? ¡Déjenos pasar! ¡Los niños se están muriendo!

—Nosotros hacemos la guerra.

—¿Qué guerra? ¿Dónde hacen la guerra? ¡En tres días avanzará ustedes seis kilómetros en esa dirección!

Se trata de algunos soldados perdidos en su camión que van hacia una cita que, sin duda, hace ya horas que no tiene sentido. Pero están atrapados en su deber elemental.

—Hacemos la guerra...

—... ¡Mejor sería que nos recogieran! ¡Es inhumano!

Un niño suelta un alarido.

—Y aquel...

Aquel no grita más. Se acabó la leche, se acabaron los gritos.

—Nosotros hacemos la guerra...

Repiten su fórmula con una estupidez rayana en la desesperación.

—Pero ¡nunca encontrarán la guerra! ¡Morirán aquí con nosotros!

—Hacemos la guerra...

Ya no saben muy bien lo que dicen. No saben ya muy bien si hacen la guerra. No han visto nunca al enemigo. Van circulando en un camión hacia objetivos más fugaces que espejismos. solo encuentran esta paz de podredumbre.

Como el desorden lo ha aglutinado todo, han bajado del camión. Los rodean.

—¿Tienen ustedes agua...?

Comparten, pues, su agua.

—¿Pan...?

Comparten su pan.

—¿Dejarán que se muera?

En un coche descompuesto y desmantelado en la cuneta, hay una mujer con estertores.

La sacan de allí. La meten en el camión.

—¿Y este niño?

También meten al niño en el camión.

—¿Y aquella que va a dar a luz?

La meten también.

Luego a esa otra, porque llora.

Tras una hora de esfuerzos, han conseguido poner en marcha el camión. Lo giran hacia el sur. Al igual que un bloque errático, se dejará arrastrar por el río de civiles.

Los soldados se han convertido a la paz. Porque no encontraban la guerra.

Porque los músculos de la guerra son invisibles. Porque el golpe que uno da en realidad lo recibe un niño. Porque, al encontrarse con la guerra, se tropiezan con mujeres que están dando a luz. Porque es tan inútil pretender comunicar un informe o recibir una orden como iniciar una discusión con Sirio. Ya no hay ejército. Solo hay hombres.

Se han convertido a la paz. Se han visto obligados, por la fuerza de las cosas, a convertirse en mecánicos, médicos, pastores, camilleros. Les arreglan los coches a esa pobre gente que no sabe reparar su chatarra. Y esos soldados ignoran, con todo el trabajo que llevan a cabo, si son héroes o si merecen comparecer ante un consejo de guerra. No les sorprendería ser condecorados. Ni ser puestos en fila contra un muro, con doce balas en el cráneo. Ni ser desmovilizados. Nada los sorprendería. Hace tiempo que franquearon los límites de la sorpresa.

Es un inmenso hervidero donde ninguna orden, ningún movimiento, ninguna onda de lo que sea puede propagarse más allá de tres kilómetros. Y, lo mismo que los pueblos se hunden uno tras otro en la alcantarilla común, lo mismo esos camiones militares absorbidos por la paz se convierten uno por uno a la paz. Ese puñado de hombres que hubiesen aceptado tranquilamente la muerte —pero no se les plantea a ellos el problema de morir— aceptan los deberes que van encontrando y reparan la vara de esa carreta vieja en la que tres religiosas han amontonado, para Dios sabe qué peregrinación, hacia Dios sabe qué refugio de cuento de hadas, a doce niñitos amenazados de muerte.

Lo mismo que Alias cuando se metía de nuevo el revólver en el bolsillo, yo no juzgaré a los soldados que abandonan su puesto. ¿Qué soplo podría animarlos? ¿De dónde sale ese soplo que podría llegar hasta ellos? ¿Dónde está ese rostro que los uniría? No saben nada del resto del mundo, salvo de esos rumores siempre dementes que, germinados en la carretera a tres o cuatro kilómetros, en forma de hipótesis absurdas, han tomado, al propagarse lentamente a través de tres kilómetros de cocción, carácter de afirmación. Estados Unidos ha entrado en guerra. El papa se ha suicidado. Los aviones rusos han incendiado Berlín. El armisticio se ha firmado hace tres días. Hitler ha desembarcado en Inglaterra.

No hay pastor para las mujeres ni para los niños, pero tampoco lo hay para los hombres. El general consigue llegar hasta su ordenanza. El ministro, hasta su alguacil. Y tal vez pueda con su elocuencia transfigurarlo. Alias llega hasta sus tripulaciones. Y puede conseguir de ellas que sacrifiquen sus vidas. El sargento del camión militar llega hasta los doce hombres que dependen de él. Pero le es imposible vincularse a nada más. Suponiendo que un líder extraordinariamente competente fuese capaz, debido a un milagro, de tener una visión de conjunto y de concebir así un plan capaz de salvarnos, ese líder solo dispondría, para comunicarse, de un timbre de veinte metros. Y, como fuerza de maniobra para vencer, dispondría de un alguacil, si existe aún algún alguacil al otro extremo de la línea.

Cuando estos soldados dispersos que forman parte de unidades disgregadas van sin rumbo fijo por las carreteras, esos hombres, que ya no son más que huelguistas de la guerra, no muestran esa desesperación que se le supone a un patriota vencido. Desean confusamente la paz; esto es así. Pero la paz, a sus ojos, solo representa el final de ese innominable galimatías, y la vuelta a una identidad, aunque esta sea la más humilde, como tal vez un antiguo zapatero que sueña que está clavando clavos, y, mientras clavaba clavos, forjó el mundo.

Y, si se van camino adelante, es debido a la incoherencia general que divide a unos y otros, no por miedo a la muerte. Ya no tienen miedo a nada: están vacíos.

XVII

Existe una ley fundamental: no se pasa de repente de ser vencido a ser vencedor. Cuando se habla de un ejército que primero retrocede, luego resiste, solo es un atajo del lenguaje, pues las tropas que han retrocedido y las que ahora presentan batalla no son las mismas. El ejército que retrocedía no era ya un ejército. No se debe a que esos hombres no fueran dignos de la victoria, sino porque un retroceso destruye todos los vínculos, materiales y espirituales, que ligaban a los hombres. A esos pocos soldados que se escurren por la retaguardia se les sustituye, pues, con nuevas reservas que tienen el carácter de organismo. Ellos son quienes bloquean al enemigo. En cuanto a los desertores, se los recolecta de nuevo para volver a moldearlos en forma de ejército. Si no hay reservas para reincorporar a la acción, el primer retroceso es irreparable.

Solo la victoria une. La derrota no solamente separa al hombre de los otros hombres, sino que también lo separa de sí mismo. Si los desertores no lloran por una Francia que se está desmoronando, es porque han sido derrotados. Es porque Francia está deshecha no alrededor de ellos, sino en ellos mismos. Llorar por Francia significaría ser el vencedor.

A casi todos, a los que aún resisten como a los que ya no lo hacen, la imagen de una Francia vencida no se mostrará más que después, en las horas de silencio. Todos se desgastan ahora en un vulgar detalle que se rebela o se descompone, contra un camión averiado, contra una carretera atascada, contra una llave de gas que se agarrota, contra lo absurdo de una misión. La señal que revela este hundimiento es que la misión resulta absurda. Es porque el acto mismo que pretende impedir ese hundimiento resulta absurdo. Pues todo se divide contra sí mismo. No se llora por el desastre universal, sino por el objeto del cual se es responsable, que es lo único tangible y que se descompone. La Francia que se desmorona no es más que un diluvio de pedazos, de los cuales ninguno tiene rostro; ni esta misión, ni ese camión, ni esa carretera, ni esa maldita llave de gas.

Claro que una derrota es un espectáculo triste. Los hombres pequeños se revelan pequeños. Los saqueadores se revelan saqueadores. Las instituciones se deterioran. Las tropas, hartas de tantas penalidades y de tanto cansancio, se descomponen en el absurdo. Es la derrota la que implica todos estos efectos, igual que la peste implica el bubón. Pero, si un camión aplasta a aquella a la que uno ama, ¿acaso criticará su fealdad?

La injusticia de la derrota es la que provoca que las víctimas parezcan culpables. ¿Cómo podría la derrota mostrar los sacrificios, las austeridades ante el deber, los rigores contra uno mismo, la vigilancia que el Dios que decide la suerte de los combates no ha tenido en cuenta? ¿Cómo mostraría el amor? La derrota pone de manifiesto a los jefes sin poder, los hombres vencidos, las masas pasivas. A menudo hubo una auténtica carencia, pero esa misma carencia, ¿qué significa? Bastaba que corriera la noticia de una retirada rusa o de una intervención americana para transfigurar a los hombres. Para reunirlos en una esperanza común. Un rumor semejante siempre lo ha purificado todo, como un vendaval del mar. No hay que juzgar a Francia por los efectos de la derrota.

Hay que juzgar a Francia por aceptar el sacrificio. Francia ha aceptado la guerra contra la verdad de los lógicos. Nos decían: «Hay ochenta millones de alemanes. No podemos crear en un año a los cuarenta millones de franceses que nos faltan. No podemos transformar nuestra tierra de trigo en tierra de carbón. No podemos esperar la ayuda de Estados Unidos. ¿Por qué los alemanes, al reclamar Dantzig, nos impondrían el deber, no de salvar a Dantzig, eso es imposible, sino de suicidarnos para evitarnos la vergüenza? ¿Qué vergüenza cabe en poseer una tierra que produce más trigo que máquinas y en ser uno contra dos? ¿Por qué la vergüenza tiene que pesar sobre nosotros y no sobre el mundo?». Tenían razón. La guerra, para nosotros, significaba desastre. Pero ¿era necesario, para que Francia se ahorrara una derrota, que rechazase la guerra? No lo creo; Francia, instintivamente, opinaba lo mismo, puesto que semejantes advertencias no la han alejado de esta guerra. El espíritu, en nuestro país, ha dominado a la inteligencia.

La vida destruye siempre las fórmulas. La derrota puede, en ocasiones, revelarse como el único camino hacia la resurrección, a pesar de sus fealdades. Sé muy bien que para crear un árbol se condena a un grano a pudrirse. Si el primer acto de resistencia llega demasiado tarde, siempre saldrá perdiendo. Pero es el despertar de una resistencia. Tal vez un árbol saldrá de él como de un grano.

Francia ha desempeñado su papel. Consistía para ella en prestarse a ser aplastada, puesto que el mundo arbitraba sin colaborar ni combatir, y a verse enterrada por algún tiempo en el silencio. Cuando se produce un asalto, necesariamente hay hombres al frente. Estos casi siempre mueren. Pero es preciso, para que se dé el asalto, que los primeros mueran.

Este papel es el que ha prevalecido, puesto que hemos aceptado sin ilusión oponer un soldado a tres y nuestros agricultores a unos obreros. ¡Me niego a ser juzgado por los horrores del desastre! A aquel que se conforma con quemarse en el vuelo, ¿se le juzgará acaso por sus ampollas? También él se afeará.

XVIII

Eso no impide que esta guerra, dejando a un lado el sentido espiritual que en un principio hizo que nos pareciera necesaria, nos resulte ahora, en su ejecución, una guerra absurda. La palabra nunca me ha avergonzado. Apenas declaramos la guerra, empezamos a esperar, ya que no estábamos en condiciones de atacar, que tuvieran a bien aniquilarnos.

Ya está hecho.

Disponíamos de gavillas de trigo para vencer a los tanques. Las gavillas de trigo no han servido para nada. Y, hoy, se ha consumado la aniquilación. Ya no hay ni ejército, ni reservas, ni enlaces, ni material.

Sin embargo, yo prosigo mi vuelo con una imperturbable seriedad. Me lanzo sobre el ejército alemán a ochocientos kilómetros por hora y a tres mil quinientas revoluciones por minuto. ¿Por qué? ¡Toma! ¡Pues para asustarlo! ¡Para que evacue el territorio! Puesto que los informes que nos piden son inútiles, esta misión no puede tener otro objetivo.

Una guerra absurda.

Sin embargo, exagero. He perdido mucha altitud. Los mandos y las palancas se han descongelado. He recobrado mi velocidad normal. Me lanzo sobre el ejército alemán a quinientos treinta kilómetros por hora y dos mil doscientas revoluciones por minuto. Es una lástima. Lo asustaré mucho menos así.

¡Y nos reprocharán que llamemos a esta guerra una «guerra absurda»!

¡Somos nosotros los que llamamos a esta guerra una «guerra absurda»! Mejor verla así. Tenemos derecho a bromear sobre ella, puesto que somos nosotros los que nos exponemos a ser sacrificados. Tengo derecho a bromear sobre mi muerte si esa broma me divierte. También Dutertre. Tengo derecho a sabotear las paradojas. Pues ¿por qué aún arden esos pueblos? ¿Por qué esa población en desorden ha sido arrojada al camino? ¿Por qué nos lanzamos con una convicción inquebrantable a un matadero automatizado?

Tengo todo el derecho, ya que en este instante sé muy bien lo que hago. Acepto la muerte. No es el peligro lo que acepto. No es el combate lo que acepto. Es la muerte. He aprendido una gran verdad: la guerra no es la aceptación del riesgo. No es la aceptación del combate. Es, en ocasiones, para quien combate, la aceptación pura y simple de la muerte.

Aquellos días en que la opinión extranjera consideraba insuficientes nuestros sacrificios, yo me preguntaba mientras veía cómo salían y eran aniquiladas las tripulaciones: «¿Para quién combatimos? ¿Quién nos paga realmente?».

Pues hemos ido muriendo. Pues ciento cincuenta mil franceses han muerto en quince días. Tal vez esos muertos no ilustren una resistencia extraordinaria. No celebro una resistencia extraordinaria. Es imposible. Pero hay innumerables soldados de infantería a los que matan en una granja imposible de defender. Hay grupos de aviación que se funden como cera arrojada al fuego.

Así, nosotros, del grupo 2/33, ¿por qué aún aceptamos morir? ¿Para obtener la estima del mundo? Pero esa estima implica la existencia de un juez. ¿Quién de entre nosotros concede a nadie el derecho de juzgar? Nosotros luchamos en nombre de una causa que consideramos causa común. La libertad, no solo de Francia, sino del mundo, está en juego. El papel de árbitro nos parece demasiado cómodo. Somos nosotros los que juzgamos a los árbitros. Los de mi grupo 2/33 juzgan a los árbitros. ¡Que no nos digan, a nosotros, que salimos sin pronunciar palabra con una posibilidad contra tres de volver (cuando la misión es fácil) —ni a los de los demás grupos—, ni a este amigo a quien el estallido de un obús ha destrozado la cara, que ha renunciado así de por vida al amor de una mujer, viéndose privado de un derecho fundamental, tan privado de ese derecho como si se hallase tras los muros de una prisión, resguardado totalmente por su rostro deformado, rodeado inevitablemente de su virtud, parapetado tras su fealdad, que no nos digan que los espectadores nos juzgan! Los toreros viven para los espectadores; nosotros no somos toreros. Si le dijeran a Hochedé: «Debes irte porque los testigos te están observando», Hochedé contestaría: «Debe de haber algún error. Soy yo, Hochedé, quien estoy observando a los testigos...».

De modo que, después de todo, ¿por qué combatimos aún? ¿Por la democracia? Si morimos por la democracia, entonces somos solidarios con las democracias. ¡Que combatan entonces con nosotros! Pero la más poderosa, la única que podría salvarnos, se negó ayer y se niega aún hoy. Bueno, está en su derecho. Pero, al hacerlo, nos está diciendo que combatimos únicamente por nuestros intereses, y nosotros sabemos que todo está perdido. Entonces ¿por qué seguimos muriendo?

¿Por desesperación? Pero ¡tal desesperación no existe! Uno no sabe nada de lo que es una derrota si espera descubrir en ella desesperación.

Hay una verdad superior a lo que nos dice la inteligencia. Algo que nos atraviesa y nos gobierna que la inteligencia no puede captar. Un árbol carece de lenguaje. Nosotros pertenecemos a un árbol. Hay verdades que son evidentes, aunque no se puedan formular con palabras. No muero por oponerme a la invasión, pues no hay refugio donde resguardarme con aquellos que quiero. No muero por preservar un honor ya que niego que mi honor esté en juego: rechazo a los jueces. Tampoco muero por desesperación. Y, sin embargo, Dutertre, que consulta su mapa tras haber calculado la posición de Arrás, en algún lugar a ciento setenta y cinco grados, está punto de decirme, sé que lo hará, en menos de treinta segundos:

—Rumbo a ciento setenta y cinco grados, mi capitán...

Y aceptaré.

XIX

—Ciento setenta y dos.

—Comprendido. Ciento setenta y dos.

De acuerdo: ciento setenta y dos. Epitafio: «Mantuvo correctamente su rumbo en ciento setenta y dos». ¿Cuánto tiempo durará este extraño desafío? Estoy volando a setecientos cincuenta metros de altitud bajo un techo de densas nubes. Si ascendiese treinta metros más, Dutertre se quedaría ciego. Debemos permanecer bien visibles, ofreciendo así un tiro al blanco certero a los colegiales alemanes. Setecientos metros es una altitud prohibida. Nos convertimos en punto de mira para toda una llanura. Atraemos los disparos de todo un ejército. Estamos al alcance de todos los calibres. Permanecemos durante una eternidad en el campo de tiro de todas las armas. Ya no se trata de disparos sino de golpes de bastón. Es como si uno desafiara a miles de bastones a que hicieran caer una sola nuez.

He analizado a fondo el problema: no es una cuestión de paracaídas. Cuando el avión averiado se precipite a tierra, la apertura de la trampilla de emergencias me llevará más tiempo de lo que tarda en estrellarse el avión. Esta apertura requiere siete vueltas de una manivela que se resiste. Además, a toda velocidad, la trampilla se deforma y no se desliza.

¡Así es! ¡Un día u otro había que tragarse esta medicina! El ceremonial no es complicado: mantener la brújula a ciento setenta y dos grados. Hice mal en envejecer. Eso es todo. ¡Era tan feliz en mi infancia! Eso digo, pero ¿es realmente cierto? Ya caminaba por el vestíbulo de la casa hacia un rumbo de ciento setenta y dos grados. A causa de mis tíos.

Ahora es cuando la infancia parece dulce. No solo la infancia, sino toda la vida pasada. La veo en perspectiva, como un paisaje...

Y me parece que soy el mismo. Siempre he sentido lo que siento ahora. Mis alegrías y mis tristezas han cambiado sin duda de objeto, pero los sentimientos siguen siendo los mismos. Yo era así feliz o desgraciado. Castigado o recompensado. Trabajaba bien. Trabajaba mal. Dependía de los días...

¿Mi recuerdo más antiguo? Tenía una institutriz tirolesa que se llamaba Paula. Pero no es ni siquiera un recuerdo: es el recuerdo de un recuerdo. Cuando yo tenía cinco años, allí en mi vestíbulo, Paula ya solo era una leyenda. Durante muchos años, mi madre nos decía cuando llegaba Año Nuevo: «Hay una carta de Paula». Y para nosotros, los niños, eso suponía una gran alegría. Sin embargo, ¿por qué nos sentíamos tan felices? Ninguno de nosotros recordaba a Paula. Había vuelto a su Tirol.

Luego a su casa tirolesa. Una especie de chalet-barómetro perdido en la nieve. Y, los días de sol, Paula salía a la puerta, como en todos los chalets-barómetros.

—¿Es bonita Paula?

—Preciosa.

—¿Normalmente hace buen tiempo en el Tirol?

—Siempre.

Siempre hacía buen tiempo en el Tirol. El chalet-barómetro empujaba a Paula muy lejos, afuera, sobre su alfombra de nieve. Cuando supe escribir, me hicieron escribir cartas a Paula. Le decía: «Mi querida Paula: Estoy muy contento de escribirte...». Era un poco como en las oraciones, puesto que no la conocía...

—Ciento setenta y cuatro.

—Entendido. Ciento setenta y cuatro.

De acuerdo: ciento setenta y cuatro. Habrá que modificar el epitafio. Es curioso cómo la vida se ha unificado de golpe. He hecho mi equipaje de recuerdos. Nunca más me serán de utilidad. Ni para nadie. Lo recuerdo como un gran amor. Mi madre nos decía: «Paula dice que os abrace a todos por ella...». Y mi madre nos abrazaba a todos, en nombre de Paula.

—¿Sabe Paula que he crecido?

—Claro que lo sabe.

Paula lo sabía todo.

—Mi capitán, disparan.

¡Paula, me están disparando! Echo una ojeada al altímetro: seiscientos cincuenta metros. Las nubes están a setecientos metros. Bueno, no puedo hacer nada. Pero bajo mi nube el mundo no es tan negro como imaginaba: es azul. Maravillosamente azul. Es la hora del crepúsculo y la llanura es azul. En algunos sitios llueve. Azul de lluvia...

—Ciento sesenta y ocho.

—Entendido. Ciento sesenta y ocho.

De acuerdo: ciento sesenta y ocho. ¡Cuántos zigzags hace el camino hacia la eternidad...! Pero este camino ¡qué tranquilo me parece! El mundo semeja un vergel. Hace un momento se mostraba con la aridez de un boceto. Todo me parecía inhumano. Pero ahí abajo vuelo en una especie de intimidad. Hay árboles aislados, o en pequeños grupos. Y uno los encuentra. Y campos verdes. Y casas, con tejas rojas, con alguien en la puerta. Y hermosos aguaceros azules en torno. Sin duda Paula, cuando hacía este tiempo, nos llevaba enseguida a casa...

—Ciento setenta y cinco.

Mi epitafio pierde gran parte de su ruda nobleza: «Ha mantenido ciento setenta y dos grados, ciento setenta y cuatro, ciento setenta y ocho, ciento setenta y cinco...». Más bien parezco volátil. ¡Vaya! ¡Mi motor tose! Se está enfriando. Cierro, pues, las trampillas de refrigeración del capó. Bueno, es hora de abrir el depósito suplementario, así que levanto la palanca. ¿No me estoy olvidando de nada? Echo una ojeada a la presión del aceite. Todo está en orden.

—Esto empieza a ponerse feo, mi capitán...

¿Oyes eso, Paula? «Empieza a ponerse feo». Y, sin embargo, no puedo dejar de asombrarme por este azul de la noche. ¡Es tan extraordinario! Este color es tan intenso... Y esos árboles frutales, esos que podrían ser ciruelos, que desfilan. Me he adentrado en este paisaje. ¡Se acabaron las vidrieras! Soy un merodeador que ha saltado el muro. Avanzo a zancadas por un campo de alfalfa húmedo y robo ciruelas. Paula, es realmente una guerra absurda. Es una guerra melancólica y completamente azul. Me he perdido un poco. He encontrado este extraño país cuando envejecía... ¡Oh, no!, no tengo miedo. Resulta un poco triste, eso es todo.

—¡Zigzaguee, capitán!

¡Este es un juego nuevo, Paula! Una patada a la izquierda, una patada a la derecha y se desvía el tiro. Cuando me caía, me golpeaba y me salían chichones. Tú me los curabas sin duda con compresas de árnica. Voy a necesitar muchísima árnica... ¿Sabes?, a pesar de todo, ¡es maravilloso el azul de la noche!

He visto ahí en la parte delantera tres disparos divergentes. Tres largos tallos verticales y brillantes. Estelas de balas luminosas o de obuses luminosos de pequeño calibre. Todo se volvió de un color dorado. He visto bruscamente en el azul de la tarde surgir la luz de este candelabro de tres brazos...

—¡Capitán! ¡A la izquierda disparan muy fuerte! ¡Oblicue!

Patada.

—¡Ah!, esto empeora...

Tal vez...

Empeora, pero yo me resguardo en mi interior. Dispongo de todos mis recuerdos y de todas las provisiones que tengo almacenadas y de todos mis amores. Dispongo de mi infancia, que se pierde en la noche como una raíz. He iniciado mi vida con la melancolía de un recuerdo... Esto se agrava, pero no reconozco nada en mí de lo que creía que sentiría ante estos arañazos de estrellas fugaces.

Estoy en un país que me conmueve el corazón. Es el fin del día. Hay grandes lienzos de luz entre las tormentas que, a la izquierda, forman marcos de vidrieras. Casi palpo con la mano a dos pasos de distancia todas las cosas buenas. Hay esos ciruelos con ciruelas. Esta tierra con olor de tierra. Debe de ser agradable andar a través de tierras húmedas. ¿Sabes, Paula?, avanzo despacio, balanceándome de derecha a izquierda, como un carro cargado de heno. Tú crees que un avión es rápido... ¡Claro que lo es, si lo piensas bien! Pero si te olvidas de la máquina, si miras, si te paseas simplemente por el campo...

—Arrás...

Sí, muy lejos, hacia delante. Pero Arrás no es una ciudad; Arrás solo es una mecha roja sobre un fondo azul nocturno, sobre un fondo de tormenta. Pues, es evidente que, a la izquierda y de frente, se prepara una buena tormenta. El crepúsculo no basta para explicar esta penumbra. Hacen falta bloques de nubes para filtrar una luz tan sombría...

La llama de Arrás ha aumentado. No es la llama de un incendio. Un incendio crece como un tumor, con un simple reborde de carne viva alrededor. Pero esta mecha roja, alimentada permanentemente, es la de una lámpara que ahumara un poco. Es una llama sin nerviosismo, con duración asegurada, bien instalada en su provisión de aceite. La siento amasada en carne compacta, casi pesada, que el viento mueve algunas veces como inclinaría un árbol. He aquí un árbol. Este árbol ha enredado a Arrás en la red de sus raíces. Y todos los jugos de Arrás, todas las provisiones de Arrás, todos los tesoros de Arrás ascienden, convertidos en savia para alimentar el árbol.

Veo esa llama, demasiado pesada a veces, perder el equilibrio a derecha o izquierda, escupir un humo más negro, luego reconstruirse de nuevo. Pero sigo sin distinguir la ciudad. Toda la guerra se limita a ese resplandor. Dutertre dice que esto empeora. Él, desde delante, observa mejor que yo. Eso no impide que me sorprenda cierta indulgencia que noto; esa llanura venenosa lanza pocas estrellas.

Sí, pero...

Sabes, Paula, en los cuentos de hadas de la infancia, el caballero caminaba sorteando pruebas terribles hacia un castillo misterioso y encantado. Escalaba glaciares, franqueaba precipicios, desenmascaraba traiciones. Finalmente el castillo se le aparecía en el corazón de una llanura azul, suave para el galope, como un césped. Se creía ya vencedor... ¡Ah, Paula, no se engaña a alguien aficionado a los cuentos de hadas! Allí estaba siempre lo más difícil...

Corro así hacia mi castillo de fuego, en la noche azul, como otras veces... Te fuiste demasiado pronto para conocer nuestros juegos y te perdiste el del caballero Aklin.

Era un juego de nuestra invención, pues despreciábamos los juegos de los otros. Se jugaba los días de las grandes tormentas cuando, pasados los primeros relámpagos, comprendíamos, por el olor de las cosas y por el brusco temblor de las hojas, que la nube estaba a punto de reventar. El espesor de los ramajes se trocaba entonces, por un instante, en un musgo rumoroso y ligero. ¡Aquella era la señal... y nada podía ya retenernos!

Salíamos corriendo desde el fondo del parque en dirección a casa, a lo largo de los céspedes, hasta quedarnos sin aliento. Las primeras gotas de agua de las tormentas son pesadas y espaciadas. El primero al que le caía encima una gota se declaraba vencido. Luego el segundo. Luego el tercero. Luego los otros. El último superviviente se revelaba así el protegido de los dioses, ¡el invulnerable! Tenía derecho, hasta la tormenta siguiente, a llamarse «el caballero Aklin»...

Era cuestión de pocos segundos, así que se convertía en una hecatombe de niños...

Yo juego aún al caballero Aklin. Corro, lentamente, hasta perder el aliento, hacia mi castillo de fuego...

Pero entonces:

—¡Ah!, capitán. Nunca he visto algo así...

Yo tampoco nunca he visto algo así. Ya no soy invulnerable. ¡Ay! Sin saberlo, había estado esperando...

XX

A pesar de los setecientos metros, yo esperaba. A pesar de los tanques estacionados allí abajo, a pesar de la llama de Arrás, yo esperaba. Esperaba desesperadamente. Recorrí mi memoria hasta llegar a la infancia para recordar esa sensación de protección suprema. No hay protección para los hombres. Una vez que uno es hombre, lo sueltan... Pero ¿quién puede algo contra el niño cuya mano una Paula todopoderosa agarra con fuerza? Paula, yo he utilizado tu sombra como un escudo...

He recurrido a todos los trucos. Cuando Dutertre me ha dicho: «Esto empeora», he utilizado esta amenaza para mantener la esperanza. Estábamos en guerra: así pues, la guerra debía mostrarse. Y lo hizo a través de unos cuantos rayos de luz. «¿Este es el famoso peligro de muerte sobre Arrás? No me hagas reír...».

El condenado se había formado del verdugo la imagen de un robot lívido. Entonces se presenta un buen hombre cualquiera, que sabe estornudar o incluso sonreír. El condenado se aferra a esa sonrisa como a un camino hacia la liberación... Solo es un camino fantasma.

El verdugo, aunque estornude, le cortará la cabeza. Pero ¿cómo negarse a la esperanza?

¿Cómo no equivocarme sobre cierto recibimiento, puesto que todo se hacía íntimo y campechano, puesto que las pizarras húmedas y las tejas brillaban tan cordialmente, puesto que nada cambiaba de un minuto a otro, ni parecía que fuese a cambiar? Puesto que ya no éramos, Dutertre, el artillero y yo más que tres caminantes que, a campo traviesa, regresan lentamente sin tener que levantarse demasiado el cuello, ya que apenas llueve. Puesto que en el corazón mismo de las líneas alemanas nada se veía que mereciera realmente ser contado y no había ninguna razón para que, más allá, la guerra fuese diferente. Puesto que parecía que el enemigo se hubiera dispersado y disuelto en la inmensidad de los campos, a razón tal vez de un soldado por casa, de un soldado tal vez por árbol, entre los cuales uno de vez en cuando, acordándose de la guerra, disparaba. Le habían repetido una y otra vez la misma consigna: «Dispararás a los aviones...». En sus sueños la consigna se confundía. Disparaba sus tres balas sin creer demasiado en ello. Así cazaba yo patos, por la noche, sin importarme demasiado, cuando el paseo tenía tintes románticos. Les disparaba mientras charlaba de otra cosa; y no los molestaba demasiado...

¡Vemos tan claramente lo que uno desea ver!: ese soldado me apunta, pero sin convicción, y falla el tiro. Otros nos dejan pasar. Aquellos que están dispuestos a hacernos la zancadilla respiran tal vez en este instante, con placer, el perfume de la noche o encienden cigarrillos, o terminan un chiste, y también nos dejan pasar. Otros, desde ese pueblecito en el que acampan, tienden, tal vez, su escudilla hacia la sopa. De pronto se oye un rugido, que luego desaparece. ¿Es amigo o enemigo? No tienen tiempo de reconocerlo, están vigilando su escudilla, que se llena: nos dejan pasar. Y yo intento atravesar con las manos en los bolsillos, silbando y con actitud despreocupada, ese jardín que está vedado a los caminantes, pero en el que cada guardián —confiando en el otro— nos deja pasar...

¡Soy tan vulnerable! Mi misma debilidad es una trampa para ellos: «¿Por qué alterarse? Me derribarán un poco más lejos...». ¡Es evidente! «¡Anda, y que te derriben otros...!». Le pasan a otro esa molesta obligación para no perder su turno en la sopa, para no interrumpir un chiste o simplemente por el gusto de respirar el aire de la noche. Abuso así de su negligencia y me salvo en este momento en que la guerra los cansa a todos a la vez —como por casualidad—, ¿y por qué no? Y ya doy por descontado que de hombre en hombre, de escuadrilla en escuadrilla, de pueblo en pueblo, conseguiré terminar mi vuelta. Después de todo, solo somos un avión que vuela en la noche... ¡Eso ni siquiera hace que miren hacia arriba!

Claro que esperaba volver. Pero también sabía que algo ocurriría. Estás condenado al castigo, pero la cárcel que te encierra permanece aún muda. Te aferras a ese silencio. Cada segundo se parece al segundo anterior. No hay razón para que el próximo segundo cambie el mundo. Ese trabajo sería demasiado pesado para él. Cada segundo, uno tras otro, salva el silencio. El silencio ya parece eterno...

Pero de pronto se oye el paso de ese segundo que sabemos que vendrá.

Algo en el paisaje acaba de romperse. Así el leño, que parecía apagado, se derrumba de repente y lanza una profusión de chispas. ¿Por qué misterio toda esta llanura ha reaccionado en el mismo momento? Los árboles, llegada la primavera, sueltan sus simientes. ¿Por qué esta súbita primavera de las armas? ¿Por qué este torrente luminoso que sube hacia nosotros y que de pronto se declara universal?

La primera sensación que experimento es la de haber sido poco prudente. Lo he estropeado todo. ¡Basta a veces una ojeada, un gesto, cuando el equilibrio es demasiado precario! Un alpinista tose y desencadena un alud. Y, una vez lo ha desencadenado, todo ha concluido.

Habíamos caminado pesadamente por este pantano azul ya sumergido en la noche. Hemos removido este limo tranquilo y de pronto lanza hacia nosotros decenas de decenas de miles de pompas de oro.

Un pueblo de malabaristas acaba de entrar en la danza. Un pueblo de malabaristas desgrana hacia nosotros decenas de miles de proyectiles. Al principio, debido a la falta de variación angular, nos parece que esos proyectiles permanecen inmóviles, pero, semejantes a esas bolas que el arte del malabarista no proyecta, sino que libera, empiezan lentamente su ascensión. Veo lágrimas de luz deslizarse hacia mí a través de un aceite de silencio. De ese silencio que envuelve el juego de los malabaristas.

Cada ráfaga de ametralladora o de cañón de tiro rápido lanza, a centenares, obuses o balas fosforescentes que se suceden como las perlas de un rosario. Mil rosarios elásticos se extienden en nuestra dirección, se estiran hasta romperse y estallan a nuestra altura.

En efecto, vistos desde atrás, los proyectiles que no nos han tocado muestran, en su paso por la tangente, una velocidad vertiginosa. Las lágrimas se convierten en relámpagos. Y de pronto me veo sumergido en una cosecha de trayectorias que tienen el color de los tallos del trigo. Aquí estoy, en el centro de una espesa zarza donde recibo golpes de lanzas. Aquí estoy, amenazado por no sé qué vertiginosa labor de agujas. Toda la llanura se ha unido a mí y teje a mi alrededor una red fulgurante de hilos de oro.

¡Ah! Cuando me inclino hacia la tierra, veo esas capas de burbujas luminosas que ascienden con una lentitud de velos de neblina. Descubro ese lento torbellino de simientes: ¡así vuela la cáscara del trigo que se trilla! Pero, si miro por la horizontal, ¡solo veo gavillas de lanzas! ¿Disparos? ¡Qué va! ¡Me atacan con arma blanca! ¡Solo veo espadas de luz! Me siento... ¡No se trata de sentirme en peligro! ¡Me deslumbra el lujo en el que estoy sumido!

—¡Ah!

Me siento despegado de mi asiento veinte centímetros. Ha sido como una cornada de morueco contra el avión. Se ha roto, pulverizado... pero no... pero no... lo noto que responde aún a los mandos. Solo es el primer golpe de una avalancha de golpes. Sin embargo, no he visto explosiones. El humo de los estallidos se confunde sin duda con el suelo oscuro: levanto la cabeza y miro.

¡Este espectáculo es único!

XXI

Inclinado hacia tierra, no había reparado en el espacio vacío que poco a poco se ha ido agrandando entre las nubes y yo. Las estelas de los proyectiles derramaban una luz del color del trigo: ¿cómo iba a saber que en la cumbre de su ascensión distribuirían, uno por uno, como quien planta clavos, estos materiales sombríos? Los descubro acumulados ya en pirámides vertiginosas que derivan hacia la parte trasera con la lentitud de témpanos. En la escala de esas perspectivas, tengo la sensación de estar inmóvil.

Sé muy bien que esas construcciones, apenas levantadas, ya han agotado su fuerza. Cada uno de estos copos solo ha dispuesto de una centésima de segundo del derecho a la vida o a la muerte. Pero me han rodeado sin que yo me diese cuenta. Su aparición hace gravitar de pronto sobre mi nuca el peso de un enorme reproche.

Esas explosiones amortiguadas, sucesivas, cuyo sonido queda enmascarado por el ruido de los motores, me producen la ilusión de un silencio extraordinario. No siento nada. Se abre en mí el vacío de la espera, como si estuvieran deliberando.

Pienso... pienso, sin embargo: «¡Disparan demasiado alto!», y echo la cabeza hacia atrás con desgana y veo cómo una tribu de águilas se balancea. Esos renuncian. Pero no se puede confiar.

Las armas que han fallado reajustan el tiro. En nuestro rellano, se reconstruyen los muros de explosiones. En pocos segundos, cada núcleo de fuego levanta una pirámide de explosiones que abandona enseguida, caducada, para construirla en otra parte. El tiro no nos busca: nos encierra.

—Dutertre, ¿lejos todavía...?

—... Si pudiéramos aguantar tres minutos más, habríamos terminado... pero...

—Tal vez podamos pasar...

—¡Nunca!

Resulta siniestro ese negro grisáceo, ese negro de harapos amontonados de cualquier manera. La llanura era azul. Inmensamente azul. Azul de fondo de mar.

¿Cuánto tiempo puedo sobrevivir? ¿Diez segundos? ¡Veinte segundos! La sacudida de las explosiones me desgasta continuamente. Las más cercanas retumban sobre el avión al igual que caen los pedruscos en un volquete. Después, el avión entero emite un sonido casi musical. Extraño suspiro... Pero esos son disparos fallidos. Sucede aquí como con el rayo. Cuanto más cerca está, más se simplifica. ¡Ciertos choques son elementales! Entonces significa que el estallido nos ha marcado con sus proyectiles. La fiera no atropella al buey que mata. Planta sus garras con aplomo, sin raspar. Toma posesión del buey. Así, los golpes que hacen blanco se incrustan simplemente en el avión como en un músculo.

—¿Herido?

—¡No!

—¡Eh, artillero, está herido?

—¡No!

Pero esos choques, que uno no puede por menos de describir, no cuentan. Tamborilean sobre una corteza, sobre un tambor. En lugar de reventar los depósitos, lo mismo podría habernos abierto el vientre. Pero el vientre en sí solo es un tambor. ¡Qué le importa a uno el cuerpo! No es él quien cuenta... ¡Eso es lo extraordinario!

Tengo que decir algo respecto al cuerpo. Pero en la vida cotidiana uno está ciego ante la evidencia. Es preciso, para que la evidencia se muestre, la urgencia de semejantes condiciones. Se requiere esa lluvia de luces ascendentes. Se requiere ese taque de lanzas. Se requiere, por fin, que sea erigido este tribunal para el juicio final. Entonces uno comprende.

Mientras me vestía, me preguntaba: «¿Cómo serán los últimos momentos antes de morir?». La vida ha desmentido siempre los fantasmas que yo inventaba. Pero se trataba esta vez de andar desnudo, bajo la furia de puños imbéciles, sin tener siquiera un antebrazo para protegerse la cara.

Siempre había pensado que esta prueba afectaría a mi carne. Me imaginaba que sería mi carne la que debería soportarla. El punto de vista que yo adoptaba era, necesariamente, el de mi propio cuerpo. ¡Uno se ha ocupado tanto de su cuerpo! ¡Lo ha vestido, lavado, cuidado, afeitado, abrevado, alimentado tanto! Uno se ha identificado con este animal doméstico. Lo ha llevado al sastre, al médico, al cirujano. Ha sufrido con él. Ha gritado con él. Ha amado con él. Decimos de él: soy yo. Y entonces, de pronto, esa ilusión se desmorona. ¡Cómo se burla uno del cuerpo! Lo relega a la categoría de lacayo. En cuanto la cólera se aviva un poco, o el amor se exalta, o el odio se encienda, desaparece esa famosa solidaridad.

¿Que tu hijo está atrapado en un incendio? ¡Lo salvarás! ¡Nadie podrá detenerte! ¿Que tú te estás quemando? ¡Poco importa! Dejas esa carne andrajosa para quien la quiera. Entonces entiendes que no te importa aquello que tanto te importaba. ¡Venderías, si supusiera un obstáculo, tu mano tan solo para poder echar una mano a alguien! ¡Habitas en tu acto! ¡Tu acto eres tú! ¡Ya no te encontrarías fuera de él! Tu cuerpo te pertenece, ya no eres tú. ¿Vas a golpear? Nadie te dominará amenazando tu cuerpo. ¿Tú? Eres la muerte del enemigo. ¿Tú? Eres la salvación de tu hijo. Te intercambias por él. Y no sientes que hayas perdido con el intercambio. ¿Tus miembros? Herramientas. Poco nos importa que una herramienta se rompa mientras la usamos. Y te intercambias por la muerte de tu rival, por la salvación de tu hijo, por la curación de un enfermo, ¡por tu descubrimiento, si eres inventor! Este compañero del grupo está herido de muerte. El parte reza: «Dijo entonces a su observador: "Estoy jodido. ¡Lárgate! ¡Salva los documentos...!"». ¡Lo único que importa es salvar los documentos, o al niño, o la curación de un enfermo, la muerte del rival, el descubrimiento! Tu razón de ser se muestra así de forma deslumbrante. Es tu deber, es tu odio, es tu amor, es tu fidelidad, es tu invento. No encuentras nada más en ti.

El fuego no solamente te ha despojado de la carne, sino también del culto a la carne. El hombre ya no se interesa por él mismo. Solamente se le impone aquello de lo que está hecho. No se atrinchera si muere: se confunde. No se pierde: se encuentra. Esto no es un deseo propio de un moralista. Es una verdad común, una verdad cotidiana, que una ilusión cotidiana cubre con una máscara impenetrable. ¿Cómo podría haber previsto, mientras me vestía y temía por mi cuerpo, que me preocupaba por tonterías? Solo en el momento de entregar ese cuerpo es cuando todos, siempre, descubren con estupefacción lo poco que están ligados a él. Pero es cierto que durante mi vida, mientras nada urgente me gobierna, mientras mi razón de ser no está en juego, no concibo problemas más graves que los de mi cuerpo.

¡Cuerpo mío, me importas bien poco! ¡Estoy expulsado, fuera de ti, ya no tengo esperanzas, y no me falta nada! Reniego de todo lo que he sido hasta este momento. Ni era yo el que pensaba, ni era yo el que sentía. Era mi cuerpo. Bien o mal, he tenido que traerlo a rastras hasta aquí, de lo cual deduzco que no tiene ninguna importancia.

A los quince años recibí mi primera lección: mi hermano, más joven que yo, desde hacía quince días estaba desahuciado. Una madrugada, hacia las cuatro, su enfermera me despertó:

—Su hermano lo llama.

—¿Se siente mal?

No contesta. Me visto apresuradamente y voy al encuentro de mi hermano.

Él me dice con voz natural:

—Quería hablar contigo antes de morir. Me voy a morir.

Una crisis nerviosa tensa todo su cuerpo y lo obliga a callarse. Durante la crisis dice «no» con la mano. Y yo no sé interpretar el gesto. Me imagino que el niño rechaza la muerte. Pero, una vez se ha calmado, me explica:

—No te asustes... no estoy sufriendo. No me duele nada. No puedo evitarlo. Es mi cuerpo.

Su cuerpo, territorio extranjero, ya es otro.

Pero este hermanito que sucumbirá dentro de veinte minutos desea mostrarse serio. Experimenta la necesidad urgente de delegar su sucesión. Me dice: «Quisiera hacer mi testamento...». Se sonroja; está orgulloso, claro, de actuar como un hombre. Si construyese torres, me confiaría la construcción de su torre. Si fuera padre, me confiaría a sus hijos para que los instruyera. Si fuera piloto de un avión de guerra, me confiaría sus papeles de a bordo. Pero solo es un niño. Me confía únicamente un motor a vapor, una bicicleta y una carabina.

Uno no se muere. Uno se imagina temer a la muerte. Se teme lo inesperado, la explosión, uno se teme a sí mismo. ¿A la muerte? No. Ya no hay muerte cuando uno la encuentra. Mi hermano me dijo: «No te olvides de escribirlo todo...». Cuando el cuerpo se deshace, lo esencial se muestra. El hombre es únicamente un nudo de relaciones. Solo las relaciones cuentan para el hombre.

El cuerpo, caballo viejo, se abandona. ¿Quién piensa en sí mismo durante la muerte? Aún no he encontrado a nadie...

—¡Capitán!

—¿Qué?

—¡Increíble!

—Artillero...

—Hum... sí...

—¿Qué...?

Mi pregunta se desvanece en medio de otra explosión.

—¡Dutertre!

—¿... tán?

—¿Herido?

—No.

—Artillero...

—¿Sí?

—He...

Es como si hubiera chocado contra una muralla de bronce. Oigo:

—¡Oh! ¡Oh! ¡Oh!

Levanto la cabeza hacia el cielo para medir la distancia que nos separa de las nubes. Evidentemente, cuanto más observo en sentido oblicuo, más parecen amontonarse los copos negros. Por la vertical se me antojan menos densos. Así descubro, engastada sobre nuestras frentes, esa diadema monumental con florones negros.

Los músculos de los muslos tienen una fuerza sorprendente. Apoyo de golpe los pies sobre el balancín como si estuviera atravesando una pared. He lanzado el avión de costado. Se inclina brutalmente hacia la izquierda, con vibraciones que crujen. La diadema se ha deslizado hacia la derecha. La he hecho oscilar sobre mi cabeza. He oído el disparo que golpea en alguna parte. Veo cómo se acumulan también hacia la derecha paquetes inútiles de proyectiles. Pero, antes de haber iniciado con la otra pierna el movimiento contrario, la diadema está de nuevo sobre mi cabeza. Las baterías de artillería han sido las que la han vuelto a situar ahí. El avión, soltando quejidos, se hunde de nuevo en las ciénagas. Pero todo el peso de mi cuerpo ha aplastado por segunda vez el balancín. He lanzado el avión en un giro opuesto, o más exactamente en un patinazo opuesto (¡al diablo los giros correctos!), y la diadema oscila hacia la izquierda.

¿Durar? ¡Este juego no puede durar! Por más que dé patadas de gigante, el diluvio de lanzazos se recompone, ahí, ante mí. La corona se restablece. Vuelvo a sentir las acudidas en el vientre. Y, si miro hacia abajo, veo de nuevo, bien encarada hacia mí, esa ascensión de pompas a una lentitud vertiginosa. Es inconcebible que sigamos enteros todavía. Y, sin embargo, me siento invulnerable. ¡Me siento vencedor! ¡Soy vencedor a cada segundo!

—¿Heridos?

—No...

No están heridos. Son invulnerables. Son vencedores. Soy propietario de una tripulación de vencedores...

En adelante cada explosión parece endurecernos, en lugar de amenazarnos. Cada vez, durante una décima de segundo, me imagino mi aparato pulverizado. Pero responde siempre a los mandos y lo levanto como si se tratara de un caballo, tirando duramente de las riendas. Entonces me relajo y siento que me invade un júbilo sordo. Apenas he tenido tiempo de sentir el miedo salvo como una contracción física, esa que provoca un gran ruido, y luego ya me es concedido el suspiro de la liberación. Debería sentir la sacudida del impacto, luego el miedo, luego el reposo. ¡En absoluto! ¡No hay tiempo! Experimento la sacudida, y luego el reposo. Sacudida, reposo. Falta una etapa: el miedo. Y no vivo con la expectativa de morir durante el siguiente segundo, vivo la resurrección al salir del segundo anterior. Vivo en una especie de reguero de alegría. Vivo en la estela de mi júbilo. Y empiezo a experimentar un placer prodigiosamente inesperado. Es como si mi vida me fuera otorgada a cada segundo. Como si mi vida fuera resultando, a cada segundo, más sensible. Vivo. Estoy vivo. Aún estoy vivo. Solo soy una fuente de vida. La borrachera de la vida se apodera de mí. Se dice: «La embriaguez del combate...». ¡Es la embriaguez de la vida! ¡Eh! Los que nos disparan desde abajo, ¿saben acaso que nos están forjando?

Depósitos de aceite, depósitos de gasolina, todo está reventado. Dutertre ha dicho: «¡Listo! ¡Suba!». Una vez más mido con la vista la distancia que me separa de las nubes y me encabrito. Una vez más vuelco el avión hacia la izquierda, luego hacia la derecha. Una vez más echo una ojeada hacia la tierra. Nunca olvidaré este paisaje. La planicie entera crepita con unas mechas breves y luminosas. Sin duda es el cañón de tiro rápido. La ascensión de glóbulos continúa en el inmenso acuario azulado. La llama de Arrás luce rojo oscuro, como un hierro sobre un yunque; esa llama de Arrás bien instalada en reservas subterráneas, donde el sudor de los hombres, la inventiva de los hombres, el arte de los hombres, los recuerdos y el patrimonio de los hombres, atando su ascensión a esa cabellera, se convierten en pavesas que el viento se lleva.

Ya rozo los primeros paquetes de bruma. A nuestro alrededor todavía hay flechas de oro que suben y horadan por debajo el vientre de una nube. La última imagen se me presenta cuando ya la nube me encierra, en un último agujero. Durante un segundo, la llama de Arrás se me aparece encendida ya para la noche, como la lámpara de aceite de una nave de una catedral. Sirve a un culto, pero a un precio elevado. Mañana lo habrá consumado todo y se habrá consumido. Llevo conmigo, en testimonio, la llama de Arrás.

—¿Todo bien, Dutertre?

—Todo bien, mi capitán. Doscientos cuarenta. Dentro de veinte minutos descenderemos por debajo de la nube. Encontraremos algún punto de referencia sobre el Sena...

—¿Todo bien, artillero?

—Hum... sí... mi capitán... todo bien.

—¿No ha pasado demasiado calor?

—Hum... no... sí.

No sabe nada. Está contento. Pienso en el artillero de Gavoille. Una noche, sobre el Rin, ochenta reflectores envolvieron a Gavoille en sus haces. Construyeron a su alrededor una gigantesca basílica. Entonces empiezan a lanzar proyectiles. Gavoille oye a su artillero hablando en voz baja consigo mismo. (Los laringófonos son indiscretos). El artillero se hace sus propias confidencias: «¡Bien, compañero...! ¡Bien, compañero..., por mucho que recorras toda la tierra nunca verás algo así en el mundo civil!». El artillero estaba contento...

Respiro con calma. Lleno mis pulmones de aire. Es maravilloso respirar. Hay montones de cosas que luego comprenderé... pero de momento pienso en Alias. No. En quien primero pienso es en mi granjero. Le preguntaré sobre el número de instrumentos... ¡Qué se le va a hacer! Soy perseverante en mis propósitos. Ciento tres. Por cierto... el indicador de la gasolina, la presión del aceite... ¡cuando los depósitos están reventados más vale vigilar esos instrumentos! Los vigilo. Los revestimientos de caucho aguantan firmemente. ¡Esa es una mejora maravillosa! Vigilo también los giróscopos; esa nube es poco habitable. Una nube de tormenta. Nos sacude violentamente.

—¿No cree que podríamos bajar?

—Diez minutos... sería mejor que esperáramos diez minutos...

Esperaré, pues, diez minutos todavía. ¡Ah, sí!, pensaba en Alias. ¿Cree que volverá a vernos? El otro día llevábamos un retraso de media hora. Media hora, por lo general, es grave... Corro a reunirme con el grupo, que está comiendo. Empujo la puerta y me dejo caer en la silla al lado de Alias. Justo en este instante el comandante levanta su tenedor envuelto en tallarines. Se dispone a metérselos en la boca. Pero, sorprendido, se detiene en seco y me contempla con la boca abierta. Los tallarines cuelgan inmóviles.

—¡Ah...! Bien... ¡estoy contento de verle!

Y engulle los tallarines.

En mi opinión, el comandante tiene un defecto grave: se empeña en preguntarle al piloto sobre las enseñanzas adquiridas tras la misión. Me preguntará. Me mirará con una paciencia temible, esperando a que le dicte las primeras verdades. Se habrá armado de una hoja de papel y de una estilográfica para no desperdiciar ni una sola gota de ese elixir. Eso me recordará mi juventud: «¿Cómo integra usted, candidato Saint-Exupéry, las ecuaciones de Bernoulli?».

—Pues...

Bernoulli... Bernoulli... Y uno permanece allí, inmóvil bajo aquella mirada, como un insecto adornado con un alfiler que le atraviesa el cuerpo.

Las enseñanzas de la misión son cosas de Dutertre. Él

observa por la vertical. Ve un montón de cosas: camiones, chalanas, tanques, soldados, cañones, caballos, estaciones, trenes en las estaciones, jefes de estación. Yo observo demasiado hacia la oblicua. Veo nubes, el mar, ríos, montañas, el sol. Observo a grandes rasgos. Me formo una idea de conjunto.

—Sabe usted muy bien, mi comandante, que el piloto...

—¡Vamos! ¡Vamos! Algo se verá.

—Yo... ¡Ah! ¡Incendios! He visto incendios. Eso es interesante...

—No. Todo está ardiendo. ¿Qué más?

¿Por qué Alias es tan cruel?

XXII

¿Me preguntará esta vez?

Lo que ha ocurrido durante mi misión no puede redactarse en un informe. Me quedaré en blanco como un colegial ante la pizarra. Pareceré muy desgraciado y sin embargo no me sentiré desgraciado. Se acabó la desgracia. Salió volando cuando brillaron las primeras balas. Si hubiera dado media vuelta un segundo antes, lo habría ignorado todo de mí.

Habría ignorado la hermosa ternura que me invade el corazón. Regreso hacia los míos. Regreso a casa. Tengo la impresión de ser una ama de casa que, tras terminar sus compras, vuelve a tomar el camino de su hogar y piensa en los platos con los que hará felices a los suyos. Balancea de un lado a otro la cesta de la compra. De vez en cuando levanta el periódico que la cubre: todo está ahí. No se ha olvidado nada. Sonríe, pensando en la sorpresa que preparará, y luego callejea un rato. Echa un vistazo a los escaparates.

Yo echaría con gusto una ojeada a los escaparates, si Dutertre no me obligara a habitar en esta prisión blancuzca. Contemplaría cómo desfila el campo. Claro que es preferible tener aún un poco más de paciencia; este paisaje está envenenado. Todo en él conspira. Incluso los pequeños castillos de provincia, que con sus céspedes un poco ridículos y sus docenas de árboles domesticados parecen joyeros infantiles para jovencitas cándidas, no son más que trampas de guerra. Volando bajo, en vez de señales de amistad, se cosechan disparos de torpedos.

A pesar del vientre de la nube, regreso del mercado. Tenía razón la voz del comandante: «Irá usted a la esquina de la primera calle a la derecha y me comprará cerillas...». Mi conciencia está en paz. Tengo las cerillas en el bolsillo. O, más exactamente, se encuentran en el bolsillo de mi compañero Dutertre. ¿Cómo se las arregla para recordar lo que ha visto? Eso es cosa suya. Yo pienso en cosas serias. Después del aterrizaje, si nos ahorran el ajetreo de una nueva mudanza, desafiaré a Lacordaire al ajedrez y lo derrotaré. Detesta perder. Yo también. Pero ganaré.

Ayer, Lacordaire estaba borracho, al menos un poco; no quisiera atentar contra su honorabilidad. Se había emborrachado para consolarse. Tras regresar de un vuelo, se había olvidado de desplegar el tren de aterrizaje, por lo que el vientre del avión aterrizó directamente contra el suelo. Alias, que estaba por desgracia presente, contemplaba el avión con melancolía, pero sin pronunciar palabra. ¡Estoy viendo a Lacordaire, el viejo piloto! Esperaba las recriminaciones de Alias. Le habrían venido bien unas recriminaciones violentas. Aquella explosión le habría permitido explotar a su vez. Luego se habría ido, liberado de su rabia. Pero Alias negaba con la cabeza. Alias estaba pensando en el avión; en aquel momento no le interesaba Lacordaire. Ese accidente solo era para el comandante Alias una desgracia anónima, una especie de impuesto estadístico. Se trataba únicamente de esas distracciones estúpidas que sorprenden a los más antiguos pilotos. Había sido infligida injustamente a Lacordaire, quien jamás había cometido, aparte de ese descuido de hoy, un error como piloto. Por ello, Alias, interesándose solo por la víctima, le pidió a Lacordaire, de forma maquinal, su opinión sobre los desperfectos. Y yo sentí cómo crecía la rabia contenida de Lacordaire. Pone usted amablemente su mano sobre el hombro del verdugo y le dice: «Esta pobre víctima... ¿eh...? Cómo debe de sufrir...». Las reacciones del corazón humano son insondables. Esa mano suave que solicita su simpatía exaspera al verdugo. Echa sobre la víctima una mirada hosca. Lamenta no haberla rematado.

Así es. Regreso a mi casa. El grupo 2/33 es mi casa. Y yo me entiendo con los de mi casa. No puedo engañarme en lo que atañe a Lacordaire, el cual no puede engañarse en cuanto a mí. Siento esta comunidad con un sentimiento de evidencia extraordinaria: «¡Nosotros, los del grupo 2/33!». Y de pronto los materiales que estaban dispersos empiezan a unirse...

Pienso en Gavoille y en Hochedé. Me pregunto sobre Gavoille: ¿cuáles son sus orígenes? Se nota en él una hermosa naturaleza rural. Un recuerdo tierno me asalta, y de pronto me perfuma el corazón. Cuando estábamos destinados en Orconte, Gavoille vivía, como yo, en una granja. Un día me dijo:

—La granjera ha matado un cerdo. Nos invita a comer la morcilla.

Éramos tres: Israël, Gavoille y yo los que masticábamos la hermosa corteza negra y crujiente. La campesina nos sirvió un vino blanco. Gavoille me dijo: «Le he comprado un regalo. Hay que firmarlo». Era uno de mis libros. Y no me sentí nada incómodo. Firmé complacido, para complacer. Israël llenaba su pipa. Gavoille se rascaba el muslo; la campesina parecía muy contenta de heredar un libro firmado por el autor. El olor de la morcilla perfumaba el ambiente. Estaba un poco borracho de ese vino blanco y no me sentía extraño a pesar de haber firmado un libro, lo que siempre me ha parecido un poco ridículo. No me sentía rechazado por ellos. No parecía, a pesar del libro, ni autor ni espectador. No era alguien que llegaba de fuera. Israël, con rostro amable, me miraba firmar. Gavoille simplemente seguía rascándose el muslo. Y yo sentía hacia ellos una especie de íntimo agradecimiento. Ese libro podría haberme dado la apariencia de un testigo abstracto, y sin embargo no parecía, a pesar de él, ni intelectual ni testigo. Era uno de ellos.

El papel de testigo siempre me ha horrorizado. ¿Qué soy yo, si no participo? Necesito, para ser, participar. Me alimento de la calidad de los compañeros, esa calidad que se ignora, no por humilde, sino porque se burla de ella misma. Ni Gavoille ni Israël creen ser especiales. Forman, con su trabajo, con su oficio y con su deber, una red de vínculos. También con esa morcilla humeante. Y me embriaga la densidad de sus presencias. Puedo estar callado. Puedo beber mi vino blanco. Incluso puedo firmar ese libro sin alejarme de ellos. Nada estropeará esa fraternidad.

No se trata aquí de denigrar los avances de la inteligencia, ni las victorias de la conciencia. Admiro las inteligencias claras. Pero ¿qué es un hombre si le falta sustancia? ¿Si es tan solo una mirada y no un ser? Descubro esa sustancia en Gavoille o en Israël, igual que la descubrí en Guillaumet.

Por mi condición de escritor, podría haber disfrutado en esta guerra de ciertas ventajas, de ciertas libertades. Por ejemplo, el día en que el oficio ya no me agradara, podría haber abandonado el grupo 2/33 para cumplir otras funciones. Pero rechazo esa clase de libertad casi con terror, porque supone la libertad de no ser. Son las obligaciones las que nos hacen ser. Hemos estado a punto de morir todos en Francia por culpa de una inteligencia sin sustancia. Gavoille es. Gavoille ama, detesta, se alegra, gruñe. Está lleno de vínculos. Y, lo mismo que saboreo frente a él esa morcilla crujiente, saboreo las obligaciones del oficio que nos unen en un tronco común. Quiero al grupo 2/33. No lo quiero como un espectador que descubre un hermoso espectáculo. ¡Me río del espectáculo! Quiero al grupo 2/33 porque pertenezco a él, me alimenta y yo contribuyo a alimentarlo.

Y, ahora que regreso de Arrás, soy más que nunca de

mi grupo. He adquirido un nuevo vínculo. He reforzado en mí este sentimiento de comunidad que se saborea en el silencio. Israël y Gavoille tal vez asumieron riesgos mayores que los míos. Israël ha desaparecido. Pero tampoco yo debía volver de este paseo de hoy. Tengo algo más de derecho a sentarme a su mesa y de permanecer callado junto a ellos. Este derecho se compra muy caro; pero es de gran valor: es el derecho de «ser». Por eso he firmado ese libro sin sentirme incómodo... No alteraba en nada el ambiente.

Y de pronto me sonrojo ante la idea de balbucear dentro de un momento cuando el comandante me pregunte. Me avergonzaré de mí mismo. El comandante pensará que soy un poco idiota. Si esas historias de libro no me molestan es porque, aunque hubiera parido una biblioteca entera, esas referencias no me salvarían de la vergüenza que me amenaza. Esta vergüenza no es un juego al que juego. No soy ese escéptico que se permite el lujo de adquirir hábitos excéntricos. No soy ese ciudadano que juega en vacaciones a ser campesino. Una vez más salí a buscar, esta vez sobre Arrás, la prueba de mi buena fe. Arriesgué mi carne en esa aventura. Toda mi carne. Y me la jugué pensando que perdería. Di a esas reglas de juego todo lo que pude, para convertirlas de algún modo en algo más que unas reglas de juego. Así pues, he adquirido el derecho a sentirme afligido, luego, cuando el comandante me pregunte. Es decir, el derecho de participar, de estar vinculado, de comulgar, de recibir y de dar. De ser algo más que yo mismo. De acceder a esta plenitud que me completa. De sentir este amor que siento por mis compañeros, este amor que no es un arrebato llegado de fuera, que no pretende —nunca— expresarse, salvo en las cenas de despedida. Entonces estás un poco borracho, y la benevolencia que da el alcohol te inclina hacia los invitados como un árbol cargado de frutos para regalar. Mi amor por el grupo no necesita expresarse. Solo está compuesto por vínculos. Es mi propia sustancia. Pertenezco al grupo. Eso es todo.

Cuando pienso en el grupo, no puedo evitar pensar en Hochedé. Podría contar el valor que mostró en la guerra, pero me sentiría ridículo. No se trata de valor: Hochedé se entregó por completo a la guerra. Probablemente mucho más que todos nosotros. Hochedé vive permanentemente en ese estado que yo he luchado tanto por conquistar. Yo me quejaba mientras me vestía. Hochedé no se queja, Hochedé ha llegado adonde nosotros vamos. Adonde yo quería ir.

Hochedé es un antiguo suboficial promovido recientemente a subteniente. Sin duda dispone de una cultura mediocre. Le sería imposible hablar sobre sí mismo. Pero está construido, bien acabado. La palabra «deber», cuando se trata de Hochedé, pierde toda redundancia. Ya quisiera uno asumir el deber como lo hace Hochedé. Ante él, yo me reprocho todos mis pequeñas renuncias, mis negligencias, mis perezas y por encima de todo, si cabe, mis escepticismos. No es señal de virtud, sino de celos bien entendidos. Quisiera existir tanto como Hochedé existe. Un árbol es hermoso cuando está firmemente arraigado en sus raíces. Es hermosa la permanencia de Hochedé. Hochedé nunca podría decepcionar.

No contaré, pues, nada sobre las misiones de guerra de Hochedé. ¿Voluntario? Siempre nos hemos presentado todos para cualquier misión. Pero por una oscura necesidad de creer en nosotros. Entonces uno se supera un poco a sí mismo. Hochedé es voluntario naturalmente. Él «es» esta guerra. Es algo tan natural que, si hay que sacrificar una tripulación, el comandante piensa enseguida en Hochedé: «Dígame, Hochedé...». Hochedé está inmerso en la guerra como un monje en su religión. ¿Por qué combate? Combate por él mismo. Hochedé se confunde con cierta sustancia que debe salvarse y que es su propio significado. En esta etapa, la vida y la muerte se confunden un poco. Hochedé ya formaba parte de ambas. Tal vez sin él saberlo, no le teme a la muerte. Durar, hacer que dure... Así, para Hochedé, morir y vivir se reconcilian.

Lo primero que me impresionó de él fue su angustia cuando Gavoille trató de quitarle su cronómetro para medir unas velocidades en la base.

—Mi teniente... no... no me gusta.

—¡No seas estúpido! ¡Es para un reglaje de diez minutos!

—Mi teniente... hay uno en el almacén de la escuadrilla.

—Sí, pero desde hace seis semanas no se ha movido de las dos y siete.

—Mi teniente. Un cronómetro no se presta... ¡no puede usted exigirme eso!

La disciplina militar y el respeto jerárquico pueden pedirle a Hochedé que, tras ser casi abatido entre llamas y salir indemne, por un milagro, vuelva a subirse a otro avión para otra misión, que esta vez sí es peligrosa... pero no pueden exigirle que entregue a unas manos irrespetuosas un cronómetro de gran valor, que le ha costado tres meses de sueldo y al que le ha dado cuerda cada noche con un cuidado maternal. Viendo gesticular a los hombres, uno adivina que no entienden nada de cronómetros.

Y cuando Hochedé vencedor, con su derecho al fin establecido, y su cronómetro contra su corazón, salió de la oficina de la escuadrilla sofocado aún de indignación, yo lo habría abrazado. Acababa de descubrir los tesoros de ternura que posee Hochedé. Luchará por su cronómetro. Su cronómetro existe. Y morirá por su país. Su país existe. Hochedé existe y está ligado a ellos. Y esos numerosos vínculos que lo unían al mundo lo moldearon.

Por eso yo apreciaba tanto a Hochedé sin sentir la necesidad de decírselo. Así he perdido a Guillaumet, muerto durante un vuelo —el mejor amigo que he tenido—, y evito hablar de él. Hemos pilotado en las mismas líneas, participado en las mismas creaciones. Estábamos hechos de la misma sustancia. Algo de mí murió con él. Guillaumet se convirtió en uno de los compañeros de mi silencio. Yo soy de Guillaumet.

Soy de Guillaumet, soy de Gavoille. Soy de Hochedé. Soy del grupo 2/33. Soy de mi país. Y todos los del grupo son de este país...

XXIII

¡He cambiado mucho! Estos días, comandante Alias, yo estaba amargado. Estos días, mientras la invasión blindada solo encontraba caos en su avance, las misiones sacrificadas han costado al grupo 2/33 diecisiete tripulaciones de las veintitrés. Todos, usted el primero, nos conformábamos, eso me parecía, con jugar a los muertos por la necesidad de figurar. Ay, comandante Alias, yo estaba amargado ¡y me equivocaba!

Nos aferrábamos todos, usted el primero, a la letra de un deber cuyo espíritu se había oscurecido. Usted nos empujaba instintivamente, no ya a vencer, que era imposible, sino a llegar a ser. Usted sabía, como nosotros, que la información que habíamos conseguido nunca llegaría a nadie. Pero se empeñaba en salvar unos ritos cuyo poder nos resultaba oculto. Nos interrogaba usted gravemente, como si nuestras respuestas pudieran servir de algo, sobre los parques de tanques, las chalanas, los camiones, las estaciones, los trenes en las estaciones. Incluso me parecía usted de una mala fe indignante.

—¡Sí! ¡Sí! Se observa muy bien desde el puesto del piloto.

Sin embargo, usted tenía razón, comandante Alias.

Hasta que no sobrevolé Arrás, no me sentí realmente responsable de esa muchedumbre que avanza por las carreteras. Solo estoy ligado a aquellos a quienes doy. Solo entiendo a aquellos a los que estoy ligado. Solo existo en la medida en que me nutro de las fuentes de mis raíces. Yo pertenezco a esa muchedumbre, y esa muchedumbre me pertenece. A quinientos treinta kilómetros por hora y a doscientos metros de altitud, ahora que he desembarcado bajo mi nube me desposo con ella, como un pastor que, de una ojeada, cuenta, reúne y junta el rebaño. Esa muchedumbre ya no es muchedumbre: es un pueblo. ¿Cómo perder la esperanza?

A pesar de la putrefacción de la derrota, llevo dentro de mí, como si acabase de recibir un sacramento, este júbilo solemne y duradero. Estoy sumido en la incoherencia y sin embargo me siento vencedor. ¿Acaso hay algún compañero que, al regresar de una misión, no lleve en él ese sentimiento de victoria? El capitán Pénicot me contó su vuelo de esta mañana: «Cuando me parecía que una de las baterías terrestres apuntaba demasiado bien, yo bifurcaba directo sobre ella a plena velocidad, a ras de suelo, y lanzaba una ráfaga de ametralladora que apagaba en seco aquella luz rojiza, como un golpe de viento apaga una vela. Una décima de segundo más tarde, pasaba como una tromba sobre el grupo... ¡Era como si el arma hubiera explotado! Luego vi cómo el grupo de artillería se dispersaba, mientras se atropellaban unos a otros en la huida. Parecía que estuviera jugando a los bolos». Pénicot reía. Su risa era maravillosa. ¡Pénicot, capitán vencedor!

Sé que la misión habrá transfigurado incluso al artillero de Gavoille que, atrapado por la noche en la basílica erigida por ochenta proyectores de guerra, pasó, como en una boda de soldados, bajo la bóveda de espadas.

—Puede usted tomar a noventa y cuatro.

Dutertre acaba de situarse sobre el Sena. He bajado a cien metros. El suelo arrastra hacia nosotros, a quinientos treinta kilómetros por hora, grandes rectángulos de alfalfa o de trigo y bosques triangulares. Experimento un raro placer físico observando ese deshielo que divide sin descanso mi roda. El Sena se me aparece. Cuando lo franqueo por la oblicua, se me esconde, como si girara sobre sí mismo. Ese movimiento me proporciona el mismo placer que la ligera rozadura de un golpe de una hoz. Estoy bien instalado. Soy patrón a bordo. Los depósitos aguantan. Ganaré una copa en el póquer de ases a Pénicot, luego derrotaré a Lacordaire en el ajedrez. Así es como soy cuando me siento vencedor.

—Mi capitán... nos disparan... estamos en zona prohibida...

Es él quien calcula el rumbo. Estoy exento de cualquier recriminación.

—¿Están disparando mucho?

—Disparan como pueden...

—¿Damos la vuelta?

—¡Oh, no...!

Noto en él cierta indiferencia. Hemos conocido el diluvio. El fuego antiaéreo no es para nosotros más que una lluvia primaveral.

—¡Dutertre... ¿Sabe...?, es idiota que le maten a uno en su propia casa!

—... no nos van a matar... Esto les sirve para ejercitarse.

Dutertre está malhumorado.

Yo no lo estoy; soy feliz. Estoy deseando poder hablar con los hombres del grupo.

—¡Eh... sí... disparan como...!

¡Vaya, este sigue vivo! Me doy cuenta de que es la primera vez que mi artillero me habla de manera espontánea. Ha digerido toda la aventura sin experimentar la necesidad de comunicarse. A menos que fuera él quien pronunció aquel: «¡Oh! ¡Oh! ¡Oh!» cuando los disparos eran más intensos. De todos modos, no se excedió en las confidencias.

Pero se trata ahora de su especialidad: la ametralladora. Cuando se trata de su especialidad, no hay quien detenga a los especialistas.

No puedo dejar de oponer estos dos universos. El universo del avión y el de la tierra. Acabo de arrastrar a Dutertre y a mi artillero más allá de los límites permitidos. Vimos cómo Francia ardía. Vimos brillar el mar. Envejecimos a gran altitud. Nos inclinamos hacia una tierra lejana, como sobre las vitrinas de un museo. Jugamos a la luz del sol con el polvo de los cazas enemigos. Luego volvimos a descender. Nos arrojamos de lleno en el incendio. Lo sacrificamos todo. Y ahí aprendimos más sobre nosotros que en diez años de meditación. Salimos al fin de esos diez años de retiro...

Y por ese camino, sobre el cual volábamos para dirigirnos hacia Arrás, la caravana, cuando volvemos a encontrarla, no ha progresado más de quinientos metros.

En el tiempo que ellos empleen en llevar hasta la cuneta un coche averiado, en cambiar una rueda, en tamborilear sobre el volante, inmóviles, para dejar que un camino transversal se deshaga de sus propios restos, nosotros habremos vuelto a nuestra escala.

Cabalgamos sobre la derrota, sobre toda ella, semejantes a esos peregrinos a quienes el desierto no atormenta, aunque sufran en él, pues su corazón ya está en la ciudad santa.

La llegada de la noche aparcará a esa muchedumbre desordenada en un establo repleto de miserias. El rebaño se amontona. ¿A quién o a qué clamarán? Mientras que, a nosotros, se nos otorga el don de reencontrarnos con los compañeros, y me parece que nos precipitamos hacia una fiesta. De este modo una simple cabaña, si está iluminada en la lejanía, convierte la más dura de las noches de invierno en una noche navideña. Allí abajo, adonde vamos, seremos bienvenidos. Allí abajo, adonde vamos, compartiremos el pan de la noche.

Basta de aventuras por hoy: soy feliz y estoy cansado. Dejaré el avión lleno de boquetes en manos de los mecánicos. Me despojaré de mi indumentaria de vuelo; y, como es tarde para jugarme una copa con Pénicot, me sentaré a cenar con mis compañeros...

Hemos llegado tarde. Aquellos compañeros que llegan tarde ya no regresan. ¿Llegan tarde? ¿Demasiado tarde? ¡Mala suerte! La noche los columpia hacia la eternidad. A la hora de cenar, el grupo cuenta a sus muertos.

Los desaparecidos se embellecen a través del recuerdo. Se los viste para siempre con su sonrisa más diáfana. Pero nosotros renunciaremos a esta ventaja. Surgiremos de manera fraudulenta, como los ángeles malos y los cazadores furtivos. El comandante engullirá su bocado de pan. Nos mirará. Tal vez diga: «¡Ah...! Están aquí...». Los compañeros guardan silencio. Apenas nos mirarán.

Antes, sentía poca estima por los adultos. Estaba equivocado. No se envejece nunca, comandante Alias. Los hombres son también puros cuando regresan: «Ahí estás tú, que eres de los nuestros...». Y el pudor provocará el silencio.

Comandante Alias, comandante Alias..., he saboreado esta comunidad entre vosotros, igual que un fuego para un ciego. El ciego se sienta y extiende las manos, y no sabe de dónde le viene el placer que experimenta. Regresamos de nuestras misiones dispuestos a recibir una recompensa de sabor desconocido, que es simplemente el amor.

No reconocemos el amor. El amor en el que pensamos normalmente es de una naturaleza más patética y tumultuosa. Pero, aquí, se trata del verdadero amor, una red de vínculos que hace que uno sea.

XXIV

He preguntado a mi granjero sobre el número de instrumentos. Y mi granjero me ha contestado:

—No sé nada sobre su oficio. Supongo que les faltarán algunos: aquellos que nos habrían hecho ganar la guerra... ¿Quiere cenar con nosotros?

—Ya he cenado.

Pero me obligaron a sentarme entre la sobrina y la granjera.

—Tú, sobrina, córrete un poco, hazle un sitio al capitán.

Y no es solo a mis compañeros a los que me siento vinculado, sino que, además, a través de ellos, establezco vínculos con todo el país. El amor, una vez que ha germinado, echa unas raíces que no terminan de crecer.

Mi granjero reparte el pan en silencio. Las preocupaciones del día lo han ennoblecido con una expresión grave y austera. Quizá esta sea la última vez que reparta el pan, y lo hace como si realizase un culto.

Y yo pienso en los campos de alrededor que han creado la materia de este pan. El enemigo los invadirá mañana.

¡Que no esperen una multitud de hombres armados! La tierra es grande. Tal vez aquí la invasión solo muestre a un centinela solitario, perdido en la inmensidad de los campos, una marca gris en la ladera del trigo. Nada habrá cambiado en apariencia, pero, si se trata del hombre, una muestra basta para que todo cambie.

El viento que sopla sobre la cosecha se asemejará siempre al viento que sopla sobre el mar. Pero si el viento sobre las cosechas de trigo nos parece aún más beneficioso es porque, a su paso, hace el censo de un patrimonio. Se asegura así el porvenir. Es caricia para una esposa, una mano suave sobre una cabellera.

Ese trigo, mañana, habrá cambiado. El trigo es algo más que un alimento para seres vivos. Alimentar a un hombre no es engordar al ganado. ¡El pan desempeña tantos papeles! Hemos aprendido a ver en el pan un medio de comunión entre los hombres, pues estos parten el pan juntos. Hemos aprendido a ver en el pan el símbolo de la dignidad del trabajo, pues el pan se gana con el sudor de la frente. Hemos aprendido a ver en el pan el recipiente esencial de la compasión, pues el pan se distribuye en tiempos de miseria. No hay nada igual al sabor del pan compartido. Y, de pronto, todo el poder de este alimento espiritual, del pan espiritual, que nacerá de este campo de trigo, está en peligro. Tal vez mañana mi granjero, al partir el pan, ya no sirva a la misma religión familiar. El pan, tal vez mañana, no alimentará la misma luz en las miradas. Ocurre con el pan como con el aceite de las lámparas. Se convierte en luz.

Miro a la sobrina, que es muy hermosa, y pienso: a

través de ella, el pan se convierte en una gracia melancólica. Se convierte en pudor. Se convierte en la suavidad del silencio. Pero el mismo pan, por una simple mancha gris en la ladera de un océano de trigo, si alimenta mañana la misma lámpara, no formará tal vez más la misma llama. El poder del pan habrá cambiado.

He luchado para preservar la calidad de una luz, más aún que por salvar el alimento de los cuerpos. He luchado por el resplandor especial en que se transfigura el pan en las casas de mi país. Lo que más me emociona de esta muchacha reservada es su envoltura inmaterial. Es no sé qué conexión entre las líneas de una cara. Es el poema leído en la página, y no la misma página.

Ella se ha sentido observada. Ha levantado los ojos hacia mí. Me parece que me ha sonreído... Ha sido apenas como un soplo sobre la fragilidad de las aguas. Esa aparición me turba. He sentido, misteriosamente presente, un alma particular de alguien que es de aquí y no de otra parte. Saboreo una paz de la que me digo: es la paz de los reinos silenciosos...

He visto brillar la luz del trigo.

El rostro de la sobrina se ha serenado sobre un fondo de misterio. La granjera suspira, mira alrededor y guarda silencio. El granjero, que medita en el día que vendrá, se encierra en su prudencia. Existe, bajo el silencio de todos ellos, una riqueza interior semejante al patrimonio de un pueblo e igualmente amenazada.

Una extraña evidencia hace que me sienta responsable de estas provisiones invisibles. Salgo de mi granja. Voy andando lentamente. Llevo conmigo esta carga que me es dulce, más que pesada, como lo sería un niño dormido contra mi pecho.

Me había prometido esta conversación con mi pueblo. Pero no tengo nada que decir. Soy semejante al fruto firmemente prendido al árbol, en el que pensaba hace algunas horas, cuando la angustia se apaciguó. Me siento ligado a los de mi casa, simplemente. Soy de ellos como ellos son míos. Cuando mi granjero ha distribuido el pan no ha dado nada. Ha repartido e intercambiado. El mismo trigo circulaba entre nosotros. El granjero no se empobrecía, sino que se enriquecía: se alimentaba con un pan mejor, ya que se convirtió en pan para una comunidad. Cuando esta tarde he despegado para ellos en misión de guerra, tampoco les he dado nada. Los del grupo no les damos nada. Somos su parte de sacrificio de guerra. Entiendo por qué Hochedé hace la guerra sin grandes frases, como un herrero que forja para el pueblo. «¿Quién es usted?». «Soy el herrero del pueblo». Y el herrero trabaja feliz.

Si ahora tengo esperanzas, cuando ellos parecen desesperarse, tampoco me diferencio de ellos. Soy simplemente su parte de esperanza. Cierto, ya nos han vencido. Todo está en suspenso. Todo se desmorona. Pero yo continúo experimentando la tranquilidad de un vencedor.

¿Que estas palabras son contradictorias? Me río de las palabras. Soy semejante a Pénicot, a Hochedé, a Alias, a Gavoille. No disponemos de ningún lenguaje para justificar nuestro sentir victorioso. Pero nos sentimos responsables. Nadie puede sentirse a la vez responsable y desesperado.

Derrota... Victoria... Sé utilizar mal estas palabras. Hay victorias que exaltan, otras que te degradan. Derrotas que asesinan, otras que te despiertan. La vida no se define por los estados, sino por las iniciativas. La única victoria de la cual no puedo dudar es la que reside en el poder de las simientes. Una vez plantada la simiente a lo largo de las tierras negras, ya es victoriosa. Pero se necesita tiempo para presenciar su triunfo en el trigo.

Esta mañana, solo había un ejército desmantelado y una multitud caótica. Pero, si en una multitud caótica existe una sola conciencia con la que se vincula, el caos desaparece. Las piedras de una cantera, que parecen estar amontonadas de cualquier manera, no lo están realmente si existe un solo hombre en la cantera que piense en términos de catedral. No me preocupa el limo esparcido si contiene una simiente. La simiente lo drenará para construir.

Quien alcanza la contemplación se convierte en simiente. Quien hace un descubrimiento tira a los demás de la manga para mostrárselo. Quien inventa predica enseguida su invento. No sé cómo se expresará o actuará un Hochedé. Pero poco importa. Esparcirá su fe tranquila a su alrededor. Entreveo mejor el principio de las victorias;

aquel que se asegura un puesto de sacristán o de sillero en una catedral construida ya está vencido. Pero aquel que lleve en el corazón una catedral por construir ya es un vencedor. La victoria es el fruto del amor. Solo el amor reconoce el rostro que hay que modelar. Solo el amor conduce hacia ese rostro. La inteligencia solo vale si está al servicio del amor.

El escultor siente el peso de su obra: poco importa si aún no sabe cómo darle forma. De un golpe de pulgar a otro, de error en error, de contradicción en contradicción, avanzará directo a través de la arcilla hacia su creación. Ni la inteligencia ni el juicio son creadores. Si el escultor solo es ciencia e inteligencia, sus manos carecerán de inspiración.

Nos hemos equivocado durante demasiado tiempo sobre el papel que le correspondía a la inteligencia. Hemos descuidado la sustancia del hombre. Hemos creído que el virtuosismo de las almas bajas podía ayudar al triunfo de las causas nobles, que el egoísmo hábil podía exaltar el espíritu de sacrificio, que la sequedad de corazón podía, por medio de discursos, encontrar la fraternidad o el amor. Hemos descuidado al Ser. La simiente de cedro, se quiera o no, se convertirá en cedro. La simiente de espino se convertirá en espino. En adelante, me negaré a juzgar al hombre según aquellas fórmulas que justifiquen sus decisiones. Se equivoca uno demasiado fácilmente sobre la garantía que ofrecen las palabras, lo mismo que sobre la dirección a la que tienden sus actos. No sé si aquel que se dirige hacia su casa camina hacia la disputa o hacia el amor. Yo me preguntaría: «¿Qué clase de hombre es?». Y solo entonces podría saber de qué lado se inclina y adónde irá. A fin de cuentas, uno siempre va hacia donde se inclina.

El germen perseguido por el sol encuentra siempre su camino a través del pedregal del suelo. Aquel que sigue estrictamente la lógica, si ningún sol lo atrae, se ahoga en la confusión de los problemas. No olvidaré la lección que me dio el mismo enemigo. ¿En qué dirección debe ir la columna blindada para atacar las retaguardias del enemigo? No sabe qué contestar. ¿Cómo debería ser la columna blindada? Debería ser el peso del mar presionando contra el dique.

¿Qué debemos hacer? Esto. O lo contrario. O cualquier otra cosa. No hay determinismo que gobierne el futuro. ¿Qué hay que ser? He aquí la cuestión esencial, pues solo el espíritu fertiliza la inteligencia. La enriquece con la obra que vendrá. La inteligencia la conducirá a término. ¿Qué debe hacer el hombre para crear el primer barco? La fórmula es demasiado complicada. Este barco nacerá, a fin de cuentas, de mil tanteos contradictorios... Pero este hombre, ¿qué debe ser? Aquí es donde abordo la creación desde su raíz. Debe ser comerciante o soldado, pues entonces, necesariamente, por amor a las tierras lejanas, despertará el interés de los técnicos, dirigirá a los obreros y un día lanzará su barco al mar. ¿Qué debemos hacer para que todo un bosque desaparezca? ¡Ah! Es demasiado difícil... ¿Qué hay que ser? ¡Hay que ser un incendio!

Mañana entraremos en la noche. ¡Que mi país exista aun cuando amanezca! ¿Qué podemos hacer para salvarlo? ¿Cómo enunciar una solución simple? Las necesidades son contradictorias. Interesa salvar la herencia espiritual, sin la cual la raza se vería privada de su genio. Interesa salvar la raza, sin la cual la herencia se perdería. Los lógicos, a falta de un lenguaje que pueda conciliar los dos salvamentos, estarán tentados de sacrificar o el alma o el cuerpo. Pero yo me río de los lógicos. Yo quiero que mi país exista —en su espíritu y en su carne— cuando amanezca. Para obrar por el bien de mi país, tendré que inclinarme a cada instante en esta dirección, con todo mi amor. No hay pasaje que el mar no encuentre si presiona sobre él.

Ya no me es posible dudar de mi salvación. Comprendo mejor la imagen de mi fuego para ciego. Si el ciego avanza hacia el fuego, es que ya ha nacido en él la necesidad de ese fuego. El fuego ya lo gobierna. Si el ciego busca el fuego, es que ya lo ha encontrado. Así, el escultor que necesita moldear su arcilla ya está en posesión de su creación. Lo mismo ocurre con nosotros. Sentimos el calor de nuestros vínculos: por eso ya somos vencedores.

Ya somos sensibles a nuestra comunidad. Pero tendremos que expresarla para unirnos a ella. Supone un esfuerzo de la conciencia y del lenguaje. Pero deberemos también, para no perder nada de su sustancia, hacer oídos sordos a las trampas de las lógicas provisionales, de las amenazas y de las polémicas. Debemos, sobre todo, no renegar de nada de lo que somos.

Por ello, en el silencio de mi noche campesina, apoyado contra un muro, empiezo, tras regresar de mi misión sobre Arrás —e iluminado, creo, por mi misión—, a imponerme reglas simples que nunca traicionaré.

Puesto que soy uno de ellos, nunca negaré a los míos, hagan lo que hagan. Nunca predicaré contra ellos ante otros. Si me es posible defenderlos, lo haré. Si me cubren de vergüenza, encerraré esa vergüenza en mi corazón y guardaré silencio. Piense entonces lo que piense de ellos, nunca testificaré en su contra. Un marido no va de casa en casa para proclamar con su propia voz que su mujer es una cualquiera. No es así como preservaría su honor, pues su mujer es de su casa. No puede ennoblecerse yendo en contra de ella. Es de vuelta en su hogar donde tiene derecho a expresar su cólera.

Así, yo no me desligaré de una derrota que a menudo me humillará. Soy de Francia. Francia formó a los Renoir, los Pascal, los Pasteur, los Guillaumet, los Hochedé. También formó a individuos incapaces, políticos y tramposos. Pero me parece demasiado fácil reclamar el parentesco de los unos y negar el de los otros.

La derrota divide. La derrota deshace lo que estaba ya hecho. Hay ahí una amenaza de muerte: yo no contribuiré a esas divisiones, echando la responsabilidad del desastre sobre aquellos de los míos que no piensan como yo. No se puede sacar nada de este proceso sin jueces. Todos hemos sido vencidos. Yo he sido vencido. Hochedé ha sido vencido. Hochedé no atribuye la derrota a nadie más que a él mismo. Piensa: «Yo, Hochedé, yo, de Francia, he sido débil. La Francia de Hochedé ha sido débil. Yo he sido débil en ella y ella débil en mí». Hochedé sabe muy bien que, si se separa de los suyos, solo se glorificará a él mismo. Y, entonces, dejaría de ser el Hochedé de una casa, de una familia, de un grupo, de una patria. Solo sería el Hochedé de un desierto.

Si consiento en ser humillado por mi casa, puedo actuar sobre ella. Es mía como yo soy de ella. Pero, si me niego a aceptar esa humillación, la casa se desmoronará a su antojo, y yo iré solo, glorioso, pero más vacío que un cadáver.

Para existir, es importante primero aceptar una responsabilidad. Pero, hace apenas unas horas, yo estaba ciego. Estaba amargado. Pero ahora juzgo con más claridad. Del mismo modo que me niego a quejarme de los otros franceses, desde que siento que pertenezco a Francia, ya no concibo que Francia se queje del mundo. Cada uno es responsable de todos. Francia era responsable del mundo. Francia habría podido ofrecer al mundo ese ideal común que lo habría unido. Francia habría podido servir al mundo de clave de bóveda. Si Francia hubiera tenido el sabor de Francia, el resplandor de Francia, el mundo entero se habría resistido a través de Francia. Me niego, en adelante, a hacer reproches al mundo... Si al mundo le faltaba el alma, Francia debía servirle de alma.

Francia habría podido adherirse a esa causa común. Mi grupo 2/33 se ofreció a menudo como voluntario para la guerra de Noruega, luego de Finlandia. ¿Qué representaba Noruega y Finlandia para nuestros soldados y suboficiales? Siempre me pareció que estos aceptaban morir por cierto encanto de las fiestas navideñas. Para salvaguardar ese encanto en el mundo, les parecía justificado sacrificar su vida. Si nosotros hubiéramos sido la Navidad del mundo, este se hubiera salvado a través de nosotros.

La comunidad espiritual de los hombres en el mundo no ha jugado a nuestro favor. Pero, si hubiéramos fundado esa comunidad de hombres en el mundo, habríamos salvado al mundo y a nosotros mismos. Hemos fracasado en esta empresa. Cada uno es responsable de todos. Cada uno es el único responsable. Cada uno es él solo responsable de todos. Comprendo por primera vez uno de los misterios de la religión, de la que ha surgido la civilización que reivindico como mía: «Cargar con los pecados de los hombres...». Y cada uno carga con todos los pecados de todos los hombres.

XXV

¿Quién ve en ello una doctrina débil? El jefe es aquel que se responsabiliza de todo. Dice: «Yo he sido derrotado». No dice: «Mis soldados han sido derrotados». El hombre de verdad habla de esa manera. Hochedé diría: «Yo soy el responsable».

Entiendo el sentido de la humildad. No es denigrarse a sí mismo. Es el principio mismo de la acción. Si, queriendo absolverme, trato de justificar mis desgracias culpando a la fatalidad, me someto a la fatalidad. Si las justifico culpando a la traición, me someto a la traición. Pero, si asumo la responsabilidad de la falta, reivindico mi poder como hombre. Puedo actuar sobre aquello que soy. Y soy parte constituyente de la comunidad de los hombres.

Hay, pues, alguien en mí contra quien lucho con el fin de crecer como persona. Ha sido preciso este difícil viaje para distinguir en mí, bien o mal, al individuo contra quien lucho del hombre que crece. No sé hasta qué punto es válida la imagen que se me ocurre, pero me digo: el individuo solo es un camino. Únicamente importa aquel Hombre que se aventura en él.

Ya no satisfacen esas verdades controvertidas. ¿De qué sirve acusar a los individuos? Solo son vías y pasajes. Ya no puedo justificar el que mis ametralladoras se congelen debido a las negligencias de los funcionarios, ni atribuir la ausencia de los pueblos amigos a su egoísmo. Claro que la derrota se manifiesta por fracasos individuales. Pero una civilización forma a los hombres. Si la que reclamo como mía está amenazada por el desfallecimiento de los individuos, tengo el derecho de preguntarme por qué no los ha hecho diferentes.

Si se lamenta de la molicie de los fieles, una civilización, lo mismo que una religión, se está culpando a sí misma. Ella tiene la obligación de exaltarlos. Lo mismo ocurre si se culpa del odio de los infieles. Ella tiene la obligación de convertirlos, y sucede que la mía, que en otros tiempos superó la prueba a la que la sometieron, que enardeció a sus apóstoles, quebrantó a los violentos, liberó pueblos de esclavos, no ha sabido hoy ni exaltar ni convertir. Si deseo desentrañar las raíces de las diversas causas de mi derrota, si tengo la ambición de revivir, he de encontrar primero el fermento que he perdido.

Pues ocurre con una civilización igual que ocurre con el trigo. El trigo alimenta al hombre, pero el hombre, a su vez, preserva el trigo, cuya simiente almacena. La reserva de simientes es respetada en las sucesivas generaciones de trigo, como una herencia.

No basta con saber qué trigo deseo para que germine. Si quiero salvar a un tipo de hombre, y su poder, debo salvar también los principios que lo fundaron.

Y, pese a que he conservado la imagen de la civilización que reivindico como mía, he perdido las reglas que la sustentaban. Descubro esta noche que las palabras que usaba no se referían ya a lo esencial. Yo predicaba de este modo la democracia sin sospechar que enunciaba así, no ya un conjunto de reglas sobre las cualidades y el destino del hombre, sino un conjunto de deseos. Deseaba que los hombres fueran fraternales, libres y felices. Claro está. ¿Quién no está de acuerdo con esto? Yo sabía exponer «cómo» debe ser el hombre. Y no «quién» debe ser.

Yo hablaba, usando las palabras incorrectas, sobre la comunidad de los hombres. Como si el contexto al que hacía alusión no fuera fruto de una arquitectura especial. Me parecía evocar una evidencia natural. No existe la evidencia natural. Una tropa fascista, un mercado de esclavos son, también, comunidades de hombres.

Ya no habitaba esta comunidad de hombres como arquitecto. Me beneficiaba de su paz, de su tolerancia, de su bienestar. No sabía de ella, sino que simplemente la habitaba. Vivía en ella como un sacristán o un sillero. O sea, como un parásito. Como un vencido.

Así son los pasajeros de un barco. Se sirven de este sin darle nada a cambio. Al amparo de los salones que se les antojan un ambiente exclusivo, continúan sus juegos. Ignoran el trabajo de las cuadernas maestras bajo la gravidez eterna del mar. ¿Con qué derecho se quejarán si la tormenta desmantela su navío?

Si los individuos han degenerado, si yo he sido vencido, ¿de qué puedo quejarme?

Hay una medida común para las cualidades que yo deseo para los hombres de mi civilización. Hay una clave de bóveda para la comunidad particular que tienen que fundar. Hay un principio del que todo salió en otros tiempos: raíces, tronco, ramas y frutos. ¿Cuál es? Era una simiente poderosa en el mantillo de los hombres. Solamente ella puede hacerme vencedor.

Me parece comprender muchas cosas en mi extraña noche campesina. El silencio es de una calidad extraordinaria. El menor ruido llena todo el espacio como una campana. Nada me es extraño. Ni ese lamento del ganado, ni esa llamada lejana, ni ese ruido de una puerta que se cierra. Todo pasa como dentro de mí. Debo apresurarme para captar el significado de un sentimiento que puede desvanecerse...

Me digo: «Es el disparo de Arrás...». El disparo ha reventado una corteza. Sin duda durante el día de hoy he preparado dentro de mí una morada. Yo solo era un gerente arisco. El individuo es eso. Pero el hombre ha aparecido. Se ha instalado en mi lugar, sencillamente. Ha contemplado la muchedumbre en desorden y ha visto un pueblo. Su pueblo. El hombre, denominador común de este pueblo y de mí. Por esa razón, mientras corría hacia el grupo, me parecía correr hacia un gran fuego. El hombre miraba por mis ojos, el hombre denominador común de mis compañeros.

¿Es acaso una señal? Me encuentro tan próximo a creer en los señales... Todo es, esta noche, armonía tácita. Cualquier ruido llega hasta mí como un mensaje límpido y oscuro al mismo tiempo. Oigo un paso tranquilo que llena la noche.

—¡Eh! Buenas noches, capitán.

—¡Buenas noches!

No lo conozco. Se ha cruzado entre nosotros como un saludo entre remeros, de una barca a la otra.

Una vez más he experimentado la sensación de un parentesco milagroso. El hombre que habita en mí esta noche no termina de hacer el recuento de los suyos. El hombre, denominador común de los pueblos y de las razas...

Regresaba este con su provisión de inquietudes, pensamientos e imágenes. Con su carga bien encerrada dentro de sí. Habría podido abordarle y hablarle. En un camino tranquilo de pueblo habríamos intercambiado algunos de nuestros recuerdos. Tal como los mercaderes intercambian sus tesoros cuando se encuentran al regresar de las islas.

En mi civilización, el que difiere de mí, lejos de perjudicarme, me enriquece. Nuestra unidad, por encima de nosotros, se funde en el hombre. Así, nuestras discusiones nocturnas en el grupo 2/33, en vez de perjudicar nuestra fraternidad, la respaldan, pues nadie desea oír su propio eco ni mirarse en un espejo.

Tanto los franceses de Francia como los noruegos de Noruega forman parte del hombre. El hombre los vincula en su unidad, al tiempo que exalta, sin contradecirse, sus hábitos particulares. También el árbol se expresa a través de ramas que no se parecen a sus raíces. Entonces, si allí abajo se escriben cuentos sobre la nieve, si en Holanda se cultivan tulipanes, si en España se improvisan flamencos, todos nos enriquecemos en el hombre. Quizá, por eso, nosotros, los del grupo, hemos deseado combatir por Noruega...

Y he aquí que me parece llegar al final de una larga peregrinación. No he descubierto nada, pero, como al emerger del sueño, veo simplemente lo que ya no miraba.

Mi civilización reposa sobre el culto al hombre a través de los individuos. Ha tratado, durante siglos, de mostrar al hombre, igual que habría enseñado a distinguir una catedral a través de piedras. Ha predicado este hombre que dominaba al individuo...

Pues el hombre de mi civilización no se define partiendo de los hombres. Son los hombres los que se definen partiendo de él. Hay algo en él, como en todo ser, que la materia que lo compone no puede explicar. Una catedral es algo muy distinto de un simple conjunto de piedras. Es geometría y arquitectura. No son las piedras las que la definen, es ella la que enriquece las piedras con su propio significado. Esas piedras se ennoblecen al ser piedras de una catedral. Las piedras más diversas sirven a su unidad. La catedral absorbe en su cántico hasta las gárgolas más gesticulantes.

Pero, poco a poco, fui olvidando mi verdad. Creí que el hombre resumía a los hombres, al igual que la piedra resume las piedras. Confundí catedral con conjunto de piedras, y poco a poco la herencia se fue desvaneciendo. Hay que restaurar al hombre: él es la esencia de mi cultura. Él es la clave de mi comunidad. Él es el principio de mi victoria.

XXVI

Es fácil establecer el orden de una sociedad sobre la sumisión de cada uno a reglas fijas. Es fácil formar a un hombre ciego que soporte sin protestar un amo o un Corán. Pero el éxito es mucho mayor cuando consiste, para liberar al hombre, en hacerlo reinar sobre sí mismo.

Pero ¿qué significa «liberar»? Si yo libero en el desierto a un hombre que no siente nada, ¿qué significa su libertad? Solo hay libertad para «alguien» que va a alguna parte. Liberar a ese hombre sería enseñarle la sed y luego trazarle un camino hacia un pozo. Solamente entonces se presentarían para él iniciativas que sí tendrían significado. Liberar una piedra no significa nada si no existe la gravedad. Pues la piedra, una vez libre, no irá a ninguna parte.

Y ocurre que mi civilización ha tratado de establecer las relaciones humanas sobre el culto al hombre más allá del individuo, a fin de que el comportamiento de cada uno, consigo mismo o con los otros, no fuera ya un conformismo ciego a las costumbres del hormiguero, sino el libre ejercicio del amor.

La ruta invisible de la gravedad libera a la piedra. Las pendientes invisibles del amor liberan al hombre. Mi civilización ha tratado de hacer de cada hombre el embajador de un mismo príncipe. Ha considerado al individuo como camino o mensaje de algo más grande que él, y ha ofrecido a la libertad de su ascensión direcciones imantadas.

Conozco bien el origen de ese campo de fuerzas. Durante siglos mi civilización ha contemplado a Dios a través de los hombres. El hombre había sido creado a imagen de Dios. Se respetaba a Dios en el hombre. Los hombres eran hermanos en Dios. Este reflejo de Dios confería una dignidad inalienable a cada hombre. Las relaciones del hombre con Dios fundamentaban, evidentemente, los deberes de cada uno para consigo mismo y para con los otros.

Mi civilización es heredera de los valores cristianos. Reflexionaré sobre la construcción de la catedral, a fin de comprender mejor su arquitectura.

La contemplación de Dios hacía a los hombres iguales, porque eran iguales en Dios. Y esta igualdad tenía un claro significado. Pues solo se puede ser igual en algo. El soldado y el capitán son iguales en la nación. La igualdad es una palabra que carece de sentido si no hay nada que vincule esta igualdad.

Entiendo muy bien por qué esta igualdad, que era la igualdad de los derechos de Dios a través de los individuos, impedía limitar la ascensión de un individuo: Dios podía decidir tomarlo como su camino. Pero, al tratarse asimismo de la igualdad de los derechos de Dios «sobre» los individuos, también entiendo por qué los individuos, cualesquiera que fuesen, estaban sometidos a los mismos deberes y al mismo respeto de las leyes. Expresando a Dios, eran iguales en sus derechos. Sirviendo a Dios, eran iguales en sus deberes.

Entiendo por qué una igualdad establecida en Dios no entrañaba ni contradicción ni desorden. La demagogia aparece cuando, a falta de denominador común, el principio de igualdad degenera en principio de identidad. Entonces el soldado niega el saludo al capitán, pues, al saludarlo, honraría a un individuo y no a la nación.

Mi civilización, heredera de Dios, ha hecho a los hombres iguales en el hombre.

Entiendo el origen del respeto mutuo de los hombres. El sabio debía respeto incluso al fogonero, pues a través de este respetaba a Dios, de quien el fogonero era también el embajador. Cualquiera que sea el valor del uno y la mediocridad del otro, ningún hombre puede pretender reducir a otro a la esclavitud. No se humilla a un embajador. Pero este respeto del hombre no conllevaba la prosternación degradante ante la mediocridad del individuo, ante la estupidez o la ignorancia, puesto que lo que se honraba no era al individuo en sí, sino su condición de embajador de Dios. De este modo, el amor de Dios creaba entre los hombres relaciones nobles, ya que los asuntos se trataban de embajador a embajador, más allá de la calidad de los individuos.

Mi civilización, heredera de Dios, ha creado el respeto del hombre a través de los individuos.

Entiendo el origen de la fraternidad entre los hombres. Los hombres eran hermanos en Dios. Solo se puede ser hermano en algo. Si no hay vínculo que los una, los hombres están yuxtapuestos y no ligados. No se puede ser simplemente un hermano. Mis compañeros y yo somos hermanos «en» el grupo 2/33. Los franceses, «en» Francia.

Mi civilización, heredera de Dios, ha hecho a sus hombres hermanos en el hombre.

Entiendo el significado de los deberes de caridad que me predicaron. La caridad servía a Dios a través del individuo. Se debía a Dios, cualquiera que fuese la mediocridad del individuo. Esta caridad no humillaba al beneficiario, no lo ataba con cadenas de gratitud, puesto que no era a él sino a Dios a quien se ofrecía el don. El ejercicio de esta caridad, en cambio, no era nunca un homenaje rendido a la mediocridad, a la imbecilidad o a la ignorancia. El médico debía dedicar su vida en los cuidados del apestado más común. Servía a Dios. No se sentía humillado por haber pasado la noche en vela junto a la cabecera de un ladrón enfermo.

Mi civilización, heredera de Dios, ha hecho así de la caridad un don al hombre a través del individuo.

Entiendo el profundo significado de la humildad exigida al individuo. No lo rebajaba; lo ensalzaba. Lo iluminaba en su papel de embajador. Del mismo modo que lo obligaba a respetar a Dios a través de los otros, también lo obligaba a respetarse a sí mismo, a hacerse mensajero de Dios o camino hacia Dios. Le imponía que se olvidara de sí mismo para poder crecer, pues, si el individuo se exalta sobre su propia importancia, el camino se convierte enseguida en muro.

Mi civilización, heredera de Dios, ha predicado el respeto a sí mismo; es decir, el respeto del hombre a través de sí mismo.

Entiendo, por último, por qué el amor de Dios ha hecho a los hombres responsables unos de otros y les ha impuesto la esperanza como una virtud. Y puesto que, de cada uno de ellos hizo el embajador del mismo Dios, en las manos de cada uno reposaba la salud de todos. Nadie tenía derecho a desesperar, puesto que era mensajero de alguien más grande que él. La desesperación significaba la negación de Dios en sí mismo. El deber de la esperanza habría podido traducirse por: «¿Te crees tan importante? ¡Cuánta fatuidad hay en tu desesperación!».

Mi civilización, heredera de Dios, ha hecho a cada uno responsable de todos los hombres y a todos los hombres responsables de cada uno. Un individuo debe sacrificarse por la salvación de una colectividad, pero no se trata aquí de una aritmética imbécil. Se trata del respeto del hombre a través del individuo. En efecto, la grandeza de mi civilización estriba en que cien mineros deben arriesgar su vida para salvar a un solo minero enterrado. Salvan al hombre.

Entiendo claramente, bajo esta luz, el significado de la libertad. Es la libertad de crecimiento de un árbol en el campo de fuerza de su simiente. Es el entorno lo que favorece la ascensión del hombre. Es semejante a un viento favorable. Solo por la gracia del viento los veleros están libres, en el mar.

Un hombre, construido así, tendría el poder de un árbol. ¡Qué espacio no cubriría con sus raíces! ¡Qué sustancia humana no absorbería para luego desparramarla al sol!

XXVII

Pero lo he estropeado todo: desperdicié esa herencia y dejé que la noción de hombre se corrompiera.

Sin embargo, para salvar ese culto a un príncipe contemplado a través de los individuos, así como la gran calidad de las relaciones humanas que fundamentaba ese culto, mi civilización empleó una energía y una inteligencia considerables. Todos los esfuerzos del humanismo han tendido solamente hacia este fin. El humanismo se ha propuesto, como misión exclusiva, iluminar y perpetrar la primacía del hombre sobre el individuo. El humanismo ha predicado al hombre.

Pero, cuando se trata de del hombre, el lenguaje se vuelve incómodo. El hombre se distingue de los hombres. No se dice nada esencial sobre la catedral, si solo se habla de piedras. No se dice nada esencial sobre el hombre, si uno intenta definirlo por sus cualidades de hombre. El humanismo ha trabajado de este modo en una dirección obstaculizada de antemano. Ha intentado captar la noción de hombre mediante una argumentación lógica y moral, y transportarlo así a las conciencias.

Ninguna explicación verbal podrá nunca reemplazar la contemplación. La unidad del ser no puede expresarse con palabras. Si yo deseara enseñar a unos hombres, cuya civilización lo ignorase, el amor de una patria o de una propiedad, no dispondría de ningún argumento para conmoverlos. Son unos campos, unos pastos y un ganado los que componen una propiedad. Cada uno y todos juntos tienen la misión de enriquecer. En la propiedad existe, sin embargo, algo que escapa al análisis de los materiales, puesto que hay propietarios que, por amor a su propiedad, se arruinarían para salvarla. Es, por el contrario, ese «algo» lo que ennoblece con una calidad particular esos materiales. Se convierten en el ganado de una propiedad, en las praderas de una propiedad, en los campos de una propiedad...

Así se convierte uno en el hombre de una patria, de un oficio, de una civilización, de una religión. Pero, para considerarse uno de esos seres, antes hay que crearlo dentro de sí. Y, donde no existe el sentimiento de la patria, ningún lenguaje podrá expresarlo. Solo a través de los actos, se crea dentro de uno el hombre que uno declara ser. Un ser no pertenece al imperio del lenguaje sino de los actos. Nuestro humanismo ha descuidado los actos. Ha fracasado en su intento.

Se le ha dado aquí un nombre al acto esencial: es el sacrificio.

Sacrificio no significa amputación, ni penitencia. Es esencialmente un acto. Es un don que uno mismo ofrece al ser al que uno desea convertirse. Solamente comprenderá qué es una propiedad aquel que le haya sacrificado una parte de sí, que haya luchado para salvarla y sufrido para embellecerla. Entonces sentirá ese amor por la propiedad. Una propiedad no es la suma de intereses; ahí está el error. Es la suma de dones.

Mientras mi civilización se apoyó en Dios, pudo salvar esa noción del sacrificio que creó a Dios en el corazón del hombre. El humanismo ha descuidado el papel esencial del sacrificio. Ha pretendido transportar al hombre mediante palabras y no actos.

Solo disponía, para salvar la visión del hombre a través de los hombres, de esta misma palabra embellecida por una mayúscula. Corríamos el peligro de resbalar por una pendiente peligrosa y de confundir un día al hombre con el símbolo de la medianía o del conjunto de los hombres. Corríamos el peligro de confundir nuestra catedral con el conjunto de piedras.

Y, poco a poco, fuimos perdiendo esa herencia.

En vez de afirmar los derechos del hombre a través de los individuos, hemos empezado a hablar de los derechos de la colectividad. Hemos visto cómo se introducía insensiblemente una moral de lo colectivo que descuida al hombre. Esta moral explicará claramente por qué el individuo se ve obligado a sacrificarse por la comunidad. Ya no explicará, sin artificios de lenguaje, por qué una comunidad debe sacrificarse por un solo hombre. ¿Por qué es equitativo que mil mueran para librar a uno solo de la prisión de la injusticia? Nos acordamos de ello todavía, pero vamos olvidándolo poco a poco. Y sin embargo, en este principio, que nos diferencia tan claramente del hormiguero, es donde reside, ante todo, nuestra grandeza.

A falta de un método eficaz, hemos insertado a la humanidad, que reposaba en el hombre, en ese hormiguero, que reposa en la suma de individuos.

¿Qué podíamos oponer a las religiones del Estado o de la masa? ¿Adónde había ido a parar nuestra gran imagen del hombre nacido de Dios? Apenas si se reconocía aún a través de un vocabulario que se había vaciado de su sustancia.

Poco a poco, olvidando al hombre, hemos limitado nuestra moral a los problemas del individuo. Hemos exigido de cada uno de ellos que no perjudicara a los demás. De cada piedra, que no perjudicara a las otras. Y seguramente no se molestan la una a la otra cuando están dispersas en un campo. Pero perjudican a la catedral que habrían creado, y que habría creado, a su vez, su propio significado.

Hemos seguido predicando la igualdad entre los hombres. Pero, habiendo olvidado al hombre, no entendíamos ya nada de lo que nos decíamos. Al no saber en qué fundamentar nuestra igualdad, establecimos una afirmación vaga, de la que no supimos servimos. ¿Cómo definir la igualdad en el plano de los individuos, entre el sabio y el bruto, el imbécil y el genio? La igualdad, en el ámbito de los materiales, exige, si pretendemos definirla y alcanzarla, que todos ocupen un lugar idéntico y desempeñen el mismo papel, lo que es absurdo. El principio de igualdad degenera entonces en un principio de identidad.

Hemos seguido predicando la libertad del hombre. Pero, habiendo olvidado al hombre, hemos definido nuestra libertad como una licencia vaga, limitada exclusivamente por el perjuicio causado a otros. Lo que carece de significado, pues no hay acto que no comprometa a otro. Si me mutilo, siendo soldado, me fusilan. No existe ningún individuo solo. El que se retrae perjudica a una comunidad. El que está triste entristece a los demás.

No hemos sabido servirnos de nuestro derecho a una libertad así comprendida sin caer en contradicciones insuperables. Al no saber definir en qué caso nuestro derecho era válido y en cuál no, hemos cerrado hipócritamente los ojos, a fin de salvar ese principio oscuro sobre el que se establecen esas innumerables trabas con las que toda sociedad, necesariamente, obstaculiza nuestras libertades.

En cuanto a la caridad, ya ni siquiera nos hemos atrevido a predicarla. Efectivamente, antes, el sacrificio que crea a los seres tomó el nombre de caridad cuando honraba a Dios mediante su imagen humana. A través del individuo dábamos a Dios o al hombre. Pero, olvidando a Dios o al hombre, solo dábamos al individuo. Desde entonces la caridad tomó a menudo el aspecto de una diligencia inaceptable. Es la sociedad, y no el capricho individual, la que debe asegurar la equidad en el reparto de las provisiones. La dignidad del individuo exige que no sea reducido al vasallaje por las generosidades de otro. Resultaría paradójico ver a los poseedores reivindicar, además de la posesión de sus bienes, la gratitud de los desposeídos.

Pero, sobre todo, nuestra caridad mal entendida se revolvía contra su objetivo. Exclusivamente fundada en movimientos de compasión hacia los individuos, nos habría imposibilitado emplear cualquier castigo educativo. Mientras que la verdadera caridad, como ejercicio de un culto rendido al hombre, más allá del individuo, imponía combatir al individuo para engrandecer al hombre.

Así hemos perdido al hombre. Y, al perderlo, hemos vaciado de calidez esa misma fraternidad que nuestra civilización nos predicaba, puesto que se es hermano en algo y no solamente hermano. Compartir no garantiza la fraternidad. Uno se vincula a otro solo a través del sacrificio. Se vincula con el don común a algo más vasto que uno mismo. Pero, al confundir esta raíz de toda existencia verdadera con una disminución estéril, hemos reducido nuestra fraternidad a una tolerancia mutua.

Hemos dejado de dar. Y sucede que, si yo pretendo únicamente darme a mí mismo, no recibiré nada, pues no construyo nada que me represente; luego, no soy nada. Y si luego alguien me exige que muera por sus intereses, me negaré a morir. El interés dicta primero vivir. ¿Cuál podría ser ese impulso de amor que recompensara mi muerte? Se muere por una casa, no por unos objetos y unas paredes. Se muere por una catedral, no por unas piedras. Se muere por un pueblo, no por una muchedumbre. Se muere por amor del hombre si es clave de bóveda de una comunidad. Se muere solamente por aquello por lo que uno puede vivir.

Nuestro vocabulario parecía casi intacto, pero nuestras palabras, que se habían vaciado de sustancia real, nos conducían, si pretendíamos usarlas, hacia contradicciones sin salida. Nos vimos obligados a cerrar los ojos ante estos litigios. Nos vimos obligados, al no saber construir, a dejar las piedras esparcidas por el campo, y a hablar de la colectividad, con prudencia, sin atrevernos a ser demasiado específicos sobre lo que hablábamos, pues efectivamente no hablábamos de nada. «Colectividad» es una palabra vacía de significado mientras la colectividad no esté ligada a nada. Una suma no es un ser.

Si nuestra sociedad aún podía resultar deseable, si el hombre conservaba en ella algún prestigio, fue porque la verdadera civilización, que traicionábamos con nuestra ignorancia, prolongaba todavía sobre nosotros su brillo, ya condenado, y nos salvaba a pesar de nosotros mismos.

¿Cómo podían nuestros adversarios comprender aquello que nosotros ya no entendíamos? Solo veían de nosotros un montón de piedras esparcidas por el campo. Trataron de darle un sentido a una colectividad que no sabíamos definir, porque ya no recordábamos al hombre.

Algunos llegaron repentina y alegremente a las conclusiones más extremas de la lógica. De esa agrupación de piedras han hecho un único conjunto. Las piedras deben ser idénticas a las piedras. Y cada piedra reina sola sobre sí misma. La anarquía sí recuerda el culto al hombre, pero lo aplica con rigor al individuo. Y las contradicciones que nacen de este rigor son peores que las nuestras.

Otros reunieron esas piedras dispersas por el campo. Predicaron los derechos de la masa. Esta fórmula tampoco satisface. Pues, si es intolerable que un solo hombre tiranice a una masa, es igualmente intolerable que la masa oprima a un solo hombre.

Otros se apoderaron de esas piedras impotentes, y de ese conjunto han creado un Estado. Un Estado como ese no trasciende tampoco a los hombres; es también la expresión de un conjunto. Es el poder de la colectividad delegado en manos de un individuo. Es el reinado de una piedra, que pretende ser idéntica a las otras, sobre el conjunto de piedras. Ese Estado predica claramente una moral de lo colectivo que aún rechazamos, pero hacia la cual nos encaminamos lentamente, porque no recordamos al hombre, que sería el único que justificaría nuestra negativa.

Los fieles de esta nueva religión se opondrán a que varios mineros arriesguen su vida para salvar a un solo minero enterrado. Pues el montón de piedras sale entonces perjudicado. Rematarán a los heridos graves, si entorpecen el avance del ejército. Estudiarán el bien de la comunidad a partir de la aritmética, y la aritmética los gobernará. Así, perderán la posibilidad de trascender algo más grande que ellos. Odiarán, en consecuencia, aquello que difiera de ellos, puesto que no dispondrán de nada superior a ellos mismos en que fusionarse. Cualquier costumbre, cualquier raza, cualquier pensamiento extraño será para ellos necesariamente una afrenta. No dispondrán del poder de absorber aquello que es distinto, pues, para convertir al hombre, no conviene mutilarlo, sino dejar que se exprese, ofrecer un objetivo a sus aspiraciones y un territorio donde pueda desplegar sus energías. Convertir es siempre liberar. La catedral puede absorber las piedras que, a través de ella, adquieren un sentido. Pero el montón de piedras no absorbe nada, y, al no poder absorber, aplasta. Así es, pero ¿de quién es la culpa?

Ya no me sorprende que ese montón de piedras que pesa mucho haya ganado la partida a las piedras esparcidas por el campo.

Sin embargo, yo soy el más fuerte.

Soy el más fuerte si me encuentro de nuevo a mí mismo, si nuestro humanismo restablece al hombre, si somos capaces de fundar nuestra comunidad y si, para fundarla, empleamos el único instrumento eficaz: el sacrificio. Nuestra comunidad, tal como nuestra civilización la había construido, tampoco era la suma de nuestros intereses, era la suma de nuestros dones.

Soy el más fuerte porque el árbol es más fuerte que la materia del suelo. Drena esa materia hacia él. La convierte en árboles. La catedral resplandece más que el montón de piedras. Soy el más fuerte porque mi civilización es la única que tiene el poder de reunir en su unidad, sin amputar ninguna de ellas, las distintas diversidades. Ella vivifica la fuente con su fuerza, al tiempo que sacia su sed en ella.

Cuando me disponía a despegar hacia Arrás, pretendía recibir antes de haber dado. Mi pretensión era vana. Ocurre con esto como con la triste lección de gramática. Hay que dar antes de recibir, y construir antes de habitar.

He fundamentado mi amor hacia los míos en este don de sangre, como la madre fundamenta el suyo en el don de la leche. Ahí está el misterio. Hay que empezar por el sacrificio para fundar el amor. El amor, luego, puede solicitar otros sacrificios y emplearlos en todas las victorias. El hombre debe dar siempre los primeros pasos. Debe nacer antes de existir.

He regresado de la misión habiendo creado unos vínculos con la pequeña granjera. Su sonrisa ha sido transparente para mí y, a través de ella, he visto a mi pueblo. A través de mi pueblo, a mi país. A través de mi país, a los otros países. Pues yo pertenezco a una civilización que ha elegido al hombre como clave de bóveda. Soy del grupo 2/33 que deseaba combatir por Noruega.

Tal vez Alias, mañana, me designe para otra misión. Hoy me he vestido al servicio de un dios ante el cual me hallaba ciego. El disparo de Arrás reventó la corteza y entonces pude ver. Todos los de mi grupo también lo vieron. Si, pues, despego al alba, sabré para qué sigo luchando.

Pero deseo recordar lo que vi. Necesito un credo sencillo para recordar.

Lucharé por la primacía del hombre sobre el individuo, así como de lo universal sobre lo particular.

Creo que el culto de lo universal exalta y vincula las riquezas particulares y establece el único orden verdadero, que es el de la vida. Un árbol posee un orden a pesar de sus raíces, que difieren de las ramas.

Creo que el culto de lo particular solo conduce a la muerte, pues basa el orden en la semejanza. Confunde la unidad del ser con la identidad de sus partes. Y arrasa la catedral para alinear las piedras.

Lucharé, pues, contra cualquiera que pretenda imponer una costumbre particular a otras costumbres, un pueblo particular a otros pueblos, una raza particular a otras razas, una idea particular a otras ideas.

Creo que la primacía del hombre da lugar a la única igualdad y la única libertad que tienen algún significado. Creo en la igualdad de los derechos del hombre a través de cada individuo. Y creo que la libertad se define por la ascensión del hombre. Igualdad no es identidad. La libertad no es la exaltación del individuo contra el hombre. Lucharé contra cualquiera que pretenda someter la libertad del hombre, ya sea de un solo individuo o de muchos.

Creo que mi civilización denomina caridad al sacrificio que se le concede al hombre, a fin de establecer su reino. La caridad es don hecho al hombre a través de la mediocridad del individuo. Ella crea al hombre. Yo combatiré contra cualquiera que, pretendiendo que mi caridad honra la mediocridad, reniega del hombre y aprisiona así al individuo en una mediocridad definitiva.

Lucharé por el hombre. Contra sus enemigos. Pero también contra mí mismo.

XXVIII

Me he reunido con mis compañeros. Debíamos encontrarnos todos hacia la medianoche para recibir órdenes. El grupo 2/33 tiene sueño. La llama del gran fuego se ha convertido en brasa. El grupo parece aguantar todavía, pero solo es una ilusión. Hochedé interroga tristemente su famoso cronómetro. Pénicot, en un rincón, apoya la nuca contra la pared, con los ojos cerrados. Gavoille, sentado encima de una mesa, con la mirada vaga y las piernas colgando, hace pucheros como un niño que está a punto de llorar. Azumbre cabecea sobre un libro. Solo el comandante permanece alerta; con un rostro terriblemente pálido, bajo una lámpara y con unos papeles en la mano, discute en voz baja con Geley. Lo de «discutir», por otra parte, solo es una imagen. El comandante habla. Geley asiente con la cabeza y dice: «Sí, por supuesto». Geley se aferra a su «Sí, por supuesto». Se aferra, cada vez más estrechamente, al discurso del comandante, igual que el hombre que se ahoga al cuello del nadador. Si yo fuera Alias diría, sin cambiar de tono: «Capitán Geley... será usted fusilado al alba...». Y esperaría la respuesta.

El grupo no ha dormido desde hace tres días y aguanta en pie como un castillo de naipes.

El comandante se levanta, va hacia Lacordaire y lo saca de un sueño en el que tal vez Lacordaire me estaba ganando al ajedrez.

—Lacordaire... usted saldrá al amanecer. Misión vuelo rasante.

—Bien, mi comandante.

—Debería usted dormir...

—Sí, mi comandante.

Lacordaire vuelve a sentarse. El comandante, que sale, arrastra a Geley en su estela, como arrastraría un pez muerto en la punta de una caña. No hace tres días, sino una semana que Geley no duerme. Al igual que Alias, ha pilotado misiones de guerra y cargado con la responsabilidad del grupo. La resistencia humana tiene límites. Los de Geley ya se han franqueado. Y, sin embargo, salen los dos, el nadador y su ahogado, en busca de órdenes fantasmales.

Vezan, sospechando, ha llegado hasta mí, ese Vezan que duerme de pie como un sonámbulo.

—¿Estás durmiendo?

—Yo...

He apoyado la nuca contra el respaldo de un sillón, pues he descubierto un sillón. Yo también me estaba durmiendo, pero la voz de Vezan me atormenta.

—¡Esto acabará mal!

Esto acabará mal... Prohibición *a priori*... Esto acabará mal...

—¿Estás durmiendo?

—Yo... no... ¿Qué acabará mal?

—La guerra.

¡Esto es nuevo! Vuelvo a hundirme en el sueño. Y contesto vagamente:

—¿Qué guerra...?

—¿Cómo que «¡Qué guerra!»?

Esta conversación no llegará muy lejos. ¡Ah, Paula, si fuese por los grupos aéreos de las bayas tirolesas, todo el grupo 2/33 estaría ya en la cama desde hace mucho rato!

El comandante empuja la puerta de golpe.

—Está decidido. Nos trasladamos.

Detrás de él viene Geley, completamente despierto. Dejará para mañana sus «Sí, por supuesto». Y, una noche más, para realizar tareas extenuantes, extraerá reservas que él mismo ignoraba que tenía.

Nos levantamos todos. Decimos: «Ah... bueno». ¿Qué podíamos decir?

No diremos nada. Aseguraremos el traslado. Solo Lacordaire esperará el alba para despegar, a fin de cumplir su misión. Si vuelve, irá directamente a la nueva base.

Mañana tampoco diremos nada. Mañana, a ojos de los demás, seremos unos vencidos. Los vencidos deben guardar silencio. Como las simientes.